法人税
実務マニュアル

金児 昭 監修 ｜ 馬場 一徳
　　　　　　　　青山 隆治
　　　　　　　　奥秋 慎祐
　　　　　　　　野田 美和子 著

税務経理協会

はじめに

この本は、金児昭先生の監修をいただいて、税理士4人で執筆した法人税の入門書です。

この本の特長—というと少し堅いので、この本の「こだわり」や「自慢」を3つご紹介したいと思います。

① 読みやすさにこだわった本

ひらたくいうと、「タテ書き」と「欄外注記」にこだわりました。税法の本は、ほとんどがヨコ書きですが、やはり読みやすいのは新聞と同じタテ書きです。この本はタテ書きにこだわりました。また、複雑な数式、専門用語の解説は欄外に注記して、本文をできる限り読みやすくする工夫をしています。

② 経理部員だけでなく、総務部員、人事部員、営業部員にも読んでもらえる本

この本は経理部員だけのための本ではありません。総務部員、人事部員そして営業部員でも知っておくべき法人税の知識があります。経理部員以外の方でも読んでもらえるよう平易で、かつ実務的な内容にすることを心がけました。そして、たとえば総務部員の方ならどの項目を読めばいいのか、一目で分かるように各ページにインデックスが付いています。

③ 執筆者4人がすべてのページを丁寧にチェックして仕上げた本

この本は4名の共著ですが、どのページを誰が書いたのかは明示していません。全員が全ページを何回も読み返し、チェックし、ミーティングを開いて遠慮なく意見を言い合い、細部にわたって修正をして仕上げた本だからです。それこそ執筆者のプライドなど全く無視して（！）、真っ赤になるまで赤ペンを入れて修正しました。

最後になりましたが、快く本書の監修を引き受けて下さいました金児昭先生には、本書の執筆にあたって大変丁寧なご指導を賜りました。心から感謝申し上げます。

2013年6月

執筆者代表　馬場　一徳

第1章 法人税は会社の利益にかかる税金

はじめに

1 法人税は会社の利益にかかる税金 ……… 1
2 法人税の計算のしくみ ……… 4
3 益金と損金の考え方 ……… 9
4 法人税は自分の会社で計算して納める ……… 12

第2章 売上・売上原価の処理

1 売上の計上方法 ……… 21
2 特殊な売上の計上方法 ……… 23
3 売上を計上するときのポイント ……… 25
4 売上原価の計上方法 ……… 29
5 在庫の数量の把握 ……… 30
6 在庫の期末評価方法 ……… 31
7 期末評価方法による損益の影響 ……… 33
8 在庫の取得価額 ……… 35
9 売上の修正（値引・割戻し等）の処理 ……… 37
10 原価の修正（値引・割戻し）の処理 ……… 39

第3章 役員の報酬、賞与、退職金の処理

1 役員の範囲は広く厳しく判定される ······ 43
2 役員の給与は原則として損金不算入 ······ 45
3 使用人兼務役員の従業員分は損金になる ······ 49
4 経済的利益に課税されることがある ······ 50
5 高すぎる役員退職金は損金にならない ······ 51

第4章 従業員の給与、福利厚生などの処理

1 従業員の給与はすべて損金になる ······ 53
2 福利厚生費には法定と法定外とがある ······ 60
3 法定外の福利厚生費は全従業員に一律に提供されることが必要 ······ 63

第5章 関係会社との人事交流の処理

1 出向者に支払う給与には注意がいる ······ 69
2 出向者に支払う退職給与も戻入が必要 ······ 74

第6章 交際費などの販売費の処理

1 交際費は損金不算入 ……77
2 交際費の範囲 ……80
3 販売促進費は原則として全額損金になる ……91
4 貸倒処理には条件がある ……95
5 貸倒引当金計上は突発損失に備えるため ……96
6 貸倒損失の判定は難しい ……00

第7章 固定資産の取得、減価償却、修繕、除却、リースの処理

1 減価償却とは ……105
2 減価償却方法 ……110
3 除却の処理 ……114
4 資本的支出と修繕費 ……117
5 リース取引 ……119

第8章 寄附金その他の処理

1 寄附金の損金処理には制限がある ……123

第9章 税額の計算と申告納付の手続き

1 税率は儲けや資本金の大きさで違う……155
2 オーナー会社の留保金には特別の税金がかかる(特定同族会社の留保金課税)……157
3 税額から控除できるもの……161
4 青色欠損金は繰り越しができる……167
5 確定申告は2カ月以内にするのが原則……169
6 中間申告のやり方には2つの方法がある……171
7 法人住民税と法人事業税、地方法人特別税の申告納付のしかた……172
8 申告ミスがある場合は修正をする……174
9 滞納や過少申告などの際に課されるペナルティー……175

2 支払税金の処理……128
3 前払費用は支出年度の損金に、消耗品費も購入時の損金にできる……131
4 税務上の繰延資産には2種類ある……132
5 有価証券の評価損が計上できるケース……135
6 会費などの処理……138
7 外貨建て取引……141
8 受取配当金は原則として益金とされない……143
9 圧縮記帳は課税を繰り延べること……148

CONTENTS

第10章 国際課税 ... 179

第11章 グループ法人税制
1. グループ法人税制のしくみ ... 187
2. 連結納税制度との比較 ... 190

第12章 消費税と法人税 ... 191

平成25年度税制改正について ... 195

執筆者対談 いまさら人に聞けない～正しい領収書のもらい方 ... 201

おわりに ... 211

索引 ... 215

第1章 法人税は会社の利益にかかる税金

1 法人税は会社の利益にかかる税金

■会社にはいろいろな税金がある

会社では、全員が与えられた権限と責任の範囲内で、それぞれの業務分担を通じて、「利益」獲得に向け一丸となって努力しています。いわば、全員の努力の結晶が利益です。

利益は、最終的には決算によって損益計算書にあらわれてきますが、この決算書上の利益（決算利益）をもとにしてかけられるのが、法人税、(※1)法人住民税、(※2)法人事業税、(※3)地方法人特別税の4つの税金です。(※4)

これらの税金のほかにも、会社にかかる税金としては、物品・サービスの購入時に支払う消費税、期中で資産を売買したり文書を作成したりするときにかかる印紙税、その他、固定資産税、事業所税、自動車税……数え上げればきりがありません。まさに会社は税金に取り囲まれてビジネスを行っているようなものです。

■法人税など4つの税金で利益の約40％もかかる

会社にかかる税金で最も重要なウェートを占めるのは、国が課す法人税です。会社が稼

※1 東日本大震災からの復興に必要な財源確保のために平成23年度税制改正で「復興特別法人税」が創設され、3年間法人税に上乗せされることになりました。

※2 「法人住民税」とは、都道府県や市町村が、事務所を置く法人に対して、地域社会への費用負担として課す税金のことです。

※3 「法人事業税」とは、都道府県が、法人が行う事業に対して課す税金です。なお、平成15年度税制改正により、資本金が1億円超の法人については、利益に基づく課税の他、事業活動規模をあらわす指標に基づく課税（外形標準課税）が導入されました。

※4 「地方法人特別税」とは、地域間の税源偏在を是正するための暫定措

いだ利益（税引前利益）をもとに、原則として25.5％を法人税として納めることになっているからです。法人税率は、かつては40％を超える時期もありましたが、昨今国際的な税率の引き下げ競争により我が国でも段階的に引き下げが行われ、平成23年度税制改正によって現在の税率となっています。

図表1-1は、先の4つの税金をあわせて計算した「実効税率」(※5)になりますが、合計で約40％近くになっています。

仮に100万円の税引前利益を計上したとすれば、約40万円がこれらの税金の総額になります。

■税金はコストと考える

会社の利益は、収益から費用を差し引いたものです。

会社経営という観点からみた場合、真の利益というのは、会社に蓄積され、次の利益を生み出す元手になるものの はずです。とすれば、納税により手元からキャッシュが減ることになる税金は費用の一つ、法令に基づいて払わなければならないコストにほかなりません。本当の利益とは、**図表1-2**のように税引前利益から税金を引いたもの（税引後利益）とみるべきです。

税金がコストだというのであれば、他のいろいろなコストと同様、適法な範囲においてその金額を最小にすることを目指すことが大事です。

それも、社員全員の努力の結晶である利益にかかるコスト＝法人税を節約（節税）するのだという厳しい姿勢で取り組むことが必要です。

置として、法人事業税の税率を引き下げ平成20年度税制改正で創設された税金です。

※5　「実効税率」とは、国税である法人税だけでなく地方税を含めて、法人企業の利益に課税される税の実質的な負担率を示すものです。その際、事業税・地方法人特別税が法人税の計算上控除されること等を考慮して算出していますので、単純に各税金の税率を合算したものではありません。

図表1-1　標準的な実効税率

	平成24年4月1日以降開始事業年度	平成27年4月1日以降開始事業年度
資本金1億円超の法人	38.01％	35.64％
資本金1億円以下の法人（注）	39.43％	37.11％

（注）資本金が5億円以上である法人の100％子会社等の場合には資本金1億円超の場合と同様の取扱いとなります。

3　第1章　法人税は会社の利益にかかる税金

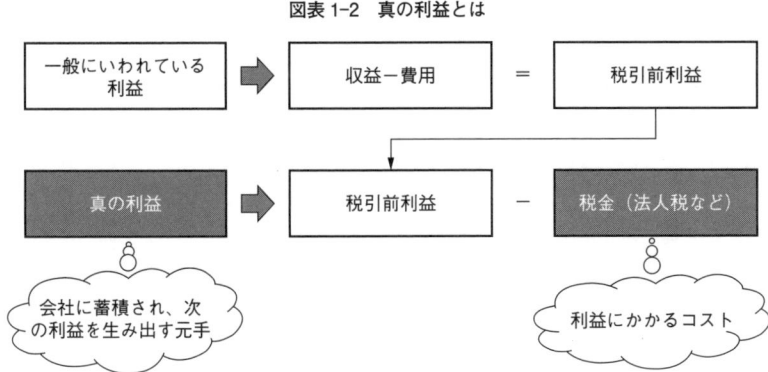

図表 1-2　真の利益とは

図表 1-3　法人の区分と課税関係

区分		例示	課税の範囲	税率
内国法人	①普通法人	株式会社、合同会社、合名会社、合資会社、医療法人、一般社団法人・一般財団法人（非営利型法人（注1）以外）など	全ての所得	普通税率の課税
	②協同組合等	農業協同組合、漁業協同組合、消費生活協同組合、信用金庫など	全ての所得	低税率の課税
	③公益法人等	公益社団法人・公益財団法人、一般社団法人・一般財団法人（非営利型法人のみ）、学校法人、社会福祉法人など	収益事業（注2）から生じる所得のみ	低税率の課税（一定の公益法人等（注3）は普通税率の課税）
	④人格のない社団等	PTA、同窓会、同業者団体など	収益事業（注2）から生じる所得のみ	普通税率の課税
	⑤公共法人	地方公共団体、地方独立行政法人、土地区画整理組合、日本放送協会など	納税義務なし	
外国法人	①普通法人		国内源泉所得のみ	普通税率の課税
	②人格のない社団等		国内源泉所得のうち収益事業（注2）から生じる所得のみ	普通税率の課税

(注1) 非営利型法人とは、一般社団法人・一般財団法人のうち、非営利性が徹底された法人または共益的活動を目的とする法人をいいます。
(注2) 収益事業は、税法で34業種が指定されています。
(注3) 一定の公益法人等とは一般社団法人（非営利型法人）、一般財団法人（非営利型法人）、公益社団法人、公益財団法人などが該当します。

■法人税のかかる法人・かからない法人とは

法人にはいろいろな種類がありますが、すべての法人が一律に法人税を納めなければならないわけではありません。法人設立の趣旨などによって、免除されたり、特定の利益に限定されたりしているものもあります。

また法人税法は、法人を大きく「内国法人」と「外国法人」(※6)に分け、前者は日本国内だけではなく、全世界で稼いだ利益を課税の対象とする一方で、後者は日本国内で生じた利益（国内源泉所得）のみを対象としています。外資系企業の日本支店などは、外国法人に該当しますので、日本で稼いだ利益に対してのみ課税されることになります。(※7)

図表1-3は法人の区分ごとに課税関係を整理したものです。

普通法人は、株式会社など一般的な企業のことで、本書では主にこれについて取り扱っていきます。

2　法人税の計算のしくみ

■所得と利益とはちがう

法人税は最長1年という計算期間（事業年度）の「所得」をいいます。

この「所得」とは税務上の儲けのことをいいます。一方で「利益」は会計上の儲けのこと をいいます。こうして言葉が違っているのは、両者の内容も違っているからです。

| 利益　＝　収益　－　費用(※8) |

※6　「内国法人」とは、日本国内に本店または主たる事務所がある法人をいい、「外国法人」とは、内国法人以外の法人をいいます。

※7　「協同組合等」は、営利を目的とはしないのですが、公益を目的とするものでもなく、組合員が協同して事業にあたる法人です。全所得に対して課税されますが、営利を目的とせず、組合員の利益の増進を目的とすることから、税率が低率になる特典があります。

「公益法人等」は、公益の追求を目的とするため、公益事業を営む分には非課税ですが、普通法人と同じような事業（収益事業）を行う場合には課税されます。

「人格のない社団等」は、親善や社交を目的としているので法人格はないのですが、代表者や管理人の定めがあるため法人とみなされ、収益事業から生じた所得に課税されます。

「公共法人」はもともと国が行うべき公共的な業務を行っていることから、国と同様に法人税の納税義務はありません。

第1章　法人税は会社の利益にかかる税金

で求められます。

一方、

$$所得　=　益金　-　損金$$

で求められます。

「益金」は「収益」とは必ずしも同じではなく、「損金」もまた「費用」とは同じではありません。

では、なぜ両者に違いが生じるのでしょうか。その根本原因は、計算の目的にあります。会計の「利益」は、一計算期間にどれだけの利益があり、どれだけの配当や内部留保を行うかを株主など利害関係者に報告することを目的として計算しています。これに対して「所得」は、適正で公平な税負担を実現することを目的に計算するからです。

■所得は利益から誘導して計算する

では、会計と税務とで目的が異なるのだから、「所得」は「利益」とは別に計算することになるのでしょうか。もしそうしてしまうと経理部門の手間は増え、大変なことになってしまうでしょう。それを防ぐために、税務は、会計の計算をうまく利用して計算をさせるような仕組みをとっています。

税法は、収益・費用は「一般に公正妥当な会計処理の基準（公正処理基準）(※9)」にしたがって所得を計算する、と規定しています。しかし、会計で計算する収益・費用を基礎にしながらも、税務特有の規定を「別段の定め」として置くことで、会計上の「利益」に修められる会計処理基準で処理することが求められています。

※8　説明の便宜上、費用には、原価、損失も含めています。

※9　会社の行った処理では課税の公平性からみて公正な所得計算ができないと認められれば、税務当局から修正するよう指摘を受けることもあります。したがって、会社としては、会計上のみならず税務上も公正妥当であると認

正を加え、「所得」を導き出します。

こうして、税務上は会社に大きな負担をかけないようにしています。

■別段の定めとは

法人税法は、わかりにくいとかむずかしいとかいわれていますが、その大きな理由の一つとして、税法独自の取り扱いを定めた「別段の定め」がたくさんあることがあげられます。法人税法の規定の大半はこの「別段の定め」と言ってもいいくらいです。しかし、「別段の定め」というのは、単純化すると次の4つの項目に集約されます。これをきちんと押さえておけば、意外とむずかしくないものです。

① 益金算入項目（加算調整項目※10）…会計上は「収益」にならないにもかかわらず、税務上は「益金」に算入され課税の対象となるもの
② 益金不算入項目（減算調整項目※11）…会計上は「収益」に含まれるにもかかわらず、税務上は「益金」に算入されないもの
③ 損金算入項目（減算調整項目）…会計上は「費用」から控除されるにもかかわらず、税務上は「損金」に算入され「所得」から控除されるもの
④ 損金不算入項目（加算調整項目）…会計上は「費用」に含まれるにもかかわらず、税務上は「損金」に算入しないもの

このように、「別段の定め」にしたがい、会計上の「利益」を税務上の「所得」に修正する作業を申告書上で行うものを「申告調整事項」とよんでいます（図表1–4）。

申告調整事項は、「必須的調整事項」と「任意的調整事項」とに分かれます。「必

※10 「加算調整項目」とは、所得計算上、利益にプラスするものをいいます。
※11 「減算調整項目」とは、所得計算上、利益からマイナスするものをいいます。

図表1-4　主な申告調整事項

```
●必須的調整事項（強制の申告調整事項）
・減価償却の償却超過額および繰延資産の償却超過額の損金不算入
・貸倒引当金等の繰入超過額の損金不算入
・寄附金、交際費等の損金不算入
・納税充当金の損金不算入
・法人税等の損金不算入
・法人税等の還付金の益金不算入
・青色申告書を提出した事業年度の繰越欠損金の損金算入等

●任意的調整事項（任意の申告調整事項）
・受取配当等の益金不算入
・指定寄附金の損金算入
・所得税額および外国税額等の税額控除
・収用換地等の場合の特別控除等
```

須的調整事項」とは、会社の意思にかかわらず計算上、申告調整が強制されている事項です。会社にとって不利なものが多いですが、不利だからといって調整しなかった場合は、税務当局から修正するよう指摘を受けてしまいます。

一方、「任意的調整事項」は、適用が強制されない調整事項です。会社が適用することを選択する場合は、法人税申告書にその適用を受ける旨の記載（調整）をすることにより、損金算入または益金不算入が認められます。

■ **具体的な所得計算の流れ**

今まで述べてきたことを整理しますと、法人税の所得金額は、次の手順で導き出されます。

① 株主総会で承認された決算書上の「利益」からスタートする
② これに法令で定められた益金算入項目、損金不算入項目を加算する
　…たとえば、交際費は会計上「費用」ですが、法人税法上「損金」にはなりません。
③ 益金不算入項目、損金算入項目を減算する
　…たとえば、受取配当金は、会計上は「収益」に計上されますが、法人税法上は「益金」にはなりません。

これを図解したのが、次頁の **図表1-5** です。

ここで、**図表1-6** で設例をみておきましょう。会計上の利益20に、加算・減算の調整をして税務上の所得24が算出されます。この24に税率40％がかけられて、法人税・住民税等の税額9・6が算出されます。

また、**図表1-7** は、加算・減算の調整の流れをタテにならべて、利益20から所得24が

導き出されるプロセスです。

図表 1-5　所得と利益の関係

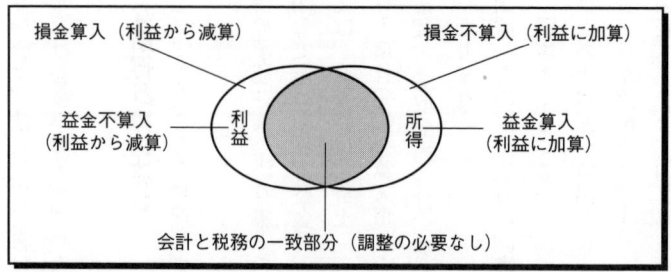

図表 1-6　「利益」と「所得・税金」

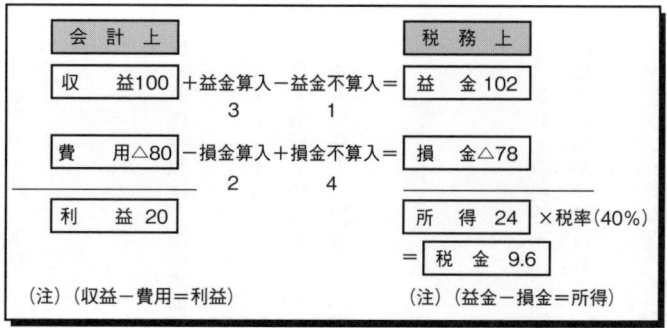

図表 1-7　「申告調整」（利益から申告所得を出すまでの申告書での調整）

利　　益　　20
益 金 算 入　+3
損 金 不 算 入　+4
益 金 不 算 入　△1
損 金 算 入　△2
所　　得　　24

（注）所得＝益金－損金＝102－78＝24＝20＋3＋4－1－2＝24

3 益金と損金の考え方

■資産をタダで譲っても、もらっても益金になる

「益金」とは次の収益をいいます。法人税法に「別段の定め」のあるものと資本等取引（P.11参照）は益金の計算には入れません。

① 製品、商品などの売上による収益
② 土地や建物などの売却代金
③ 建設請負や金銭の貸付けなどのサービス提供による収益
④ 無償で資産を譲った場合の収益
⑤ 広告宣伝用資産などの贈与を受けたことによる収益（受贈益）
⑥ 評価益や債務免除益などの収益

なお、未実現の収益は益金に算入しないことになっていますが、当期に実現した収益でまだ回収していないものは算入しなければなりません。

④は少しわかりにくいのですが、自社で使っていない土地（簿価100万円、時価1,000万円）を他社にただで譲ったとしましょう。

会計上は、自社では譲った土地の簿価100万円をそのまま損失（土地譲渡損）に計上しますが、税務上は次のように考えます。

まず、自社はその土地を時価の1,000万円で他社に売却したものの、その代金を受け取らなかったのは、その代金を寄附したためだとみなします。そして代金を受け取らなかったと考えます。この場合、自社は時価から簿価を差し引いた900万円が売却益とし

て、収益に計上されます。それがここでいう④の収益です。そして他社に譲った1,000万円がそっくりそのまま「寄附金」という費用に計上されます。「寄附金」は後ほど詳しく解説しますが、一定限度額までしか損金算入が認められません。仮に限度額がゼロとしますと、会計上は100万円が損失に計上されるにもかかわらず、税務上は900万円が益金として課税されます。

一方、その土地をもらった他社は、その時点での時価(1,000万円)でその土地を購入し、代金の支払いを免除されたと考えます。これは税法独特の考えだといえます。そして、その免除された1,000万円が⑤の収益(受贈益)になります。[※13]

■期末までの債務確定が損金算入の条件

「損金」とは、次の①〜③をいいますが、益金と同様に法人税法に「別段の定め」のあるものと資本等取引は計算に含めません。

① 商品・製品の仕入・材料費(売上原価、製造原価)、有価証券の譲渡原価、建設会社が工事を完成するのに要した費用(完成工事原価)
② 販売費および一般管理費、営業外費用など
③ 損失

②の費用については、償却費以外の費用で期末までに債務が未確定のものは損金になりません。これは「債務確定主義」といわれるもので、会計の考え方の「発生主義」と大きく異なる点です。たとえば、会計では費用や損失の見込額を引当金繰入額として計上しますが、法人税法では、一定の引当金を除き、見積計上した費用や損失の損金算入は認められません。

※12 仕訳では次のようになります。

【単位:万円】

自社の仕訳
・会計の仕訳
(土地譲渡損)　100　　(土地)　　　　100
・税務の仕訳
(現金)　　　1,000　　(土地)　　　　100
　　　　　　　　　　(土地譲渡益)　900

(寄附金)　　1,000　　(現金)　　　1,000

他社の仕訳
(土地)　　　1,000　　(土地受贈益)　1,000

※13 なお、自社が他社に対して100%出資している親会社などの場合、グループ法人税制により自社の寄附金1,000万円は全額損金不算入となる一方、他社の受贈益1,000万円は全額益金不算入となります。

※14 債務の確定にあたっては、次の3つの要件を満たす必要があります。
① 債務が成立していること
② 給付の原因となる事実が期末までに

■帳簿上費用として経理処理することが損金経理

税法を読んでいきますと、「○○として損金経理したとき」や「○○として確定決算[※15]で経理したとき」といった表現に出会います。このような場合は、実際に帳簿上、費用（または原価、損失）として経理処理しなければ損金算入することは認められません。

たとえば、減価償却費を税務上200万円まで計上できるところ、何かの理由で会計上は100万円しか計上しなかった場合、差額の100万円を申告書に記載することによって差額分を損金算入することはできません。つまり、申告調整（P.6参照）だけでは、損金算入することはできません。そのほかの例としては、資産の評価損、貸倒損失、引当金の計上など、会社の内部計算事項は、原則として会計上費用処理しなければ、税務上損金算入することはできません。

■資本等取引は益金や損金に入れない

「資本等取引」によって生ずる収益と費用は、所得の計算には入れません。

この資本等取引というのは、資本を増加したり減少したりする取引、たとえば剰余金の分配、残余財産の分配のことです。

これらの資本等取引は、いわば、株主から払込みがあった元手（投下資本）自体が増減する取引または課税済みの取引なので、「元手には課税せず」という税法の考えや一旦課税済みの取引について改めて課税はしない、という税法固有の考え方により、所得の計算には入れません。

---

③ 債務の金額を合理的に算定することができること

発生していること

※15 「確定決算」とは、株主総会での承認等、法令や定款で定められた所定の承認手続を終えた決算のことを意味します。

4　法人税は自分の会社で計算して納める

■法人税の計算期間は1年

法人税は「事業年度」を所得の計算期間としています(※16)。事業年度が1年を超える場合は、1年ごとに区切った期間が事業年度になります。そして1年未満の期間がある場合はその残りの期間を一事業年度とします。

■法人税は申告して納付する

税金の納め方には、納税者が自分で所得金額、税額を計算、申告して納める「申告納税方式(※17)」と、税務当局が決めた税額をそのとおりに納める「賦課課税方式(※18)」とがあります。したがって、所得金額、税額を自分で計算して申告し納税しなければなりません。

万一、法人税の申告書を期限内に提出しなかった場合には、税務当局によって一方的に税額が決められること（決定）になっています。また、ペナルティーを課せられ、さらに、2年連続して期限前に提出しなかった場合には、青色申告が取り消されるなど、不利益をこうむりますので、必ず期限内に申告し、納税します。

■青色申告には特典がある

自主申告の形をとる法人税の申告には、青色の申告用紙を使う「青色申告」と、白色の申告用紙を使う「白色申告」とがあります。

※16　それぞれの会社の事業年度は、会社の定款に定められています。

※17　申告納税方式の税金としては、所得税、法人税、消費税、相続税、贈与税、酒税、法人住民税、法人事業税、自動車取得税などがあります。

※18　賦課課税方式の税金としては、固定資産税、不動産取得税などがあります。

第1章 法人税は会社の利益にかかる税金

青色申告が白色申告と違うのは、仕訳帳や総勘定元帳などの定められた帳簿を備えつけ、決められたとおりの記録と帳簿等書類の保存を行うことを事前に申し出て、青色申告をすることにつき税務署長の承認を受けている点です。

この青色申告が認められれば、次のようないろいろな特典があります。

① 青色欠損金の繰越（P.167参照）

青色申告した事業年度で税務上赤字が生じた場合には、その後9年間[※19]の事業年度で生じた黒字と相殺できます。[※20]

② 欠損金の繰戻しによる法人税額の還付（P.169参照）

当期が税務上赤字で、前期が黒字の場合、前期に納付した法人税を還付してもらうことができます。[※21]

③ 少額減価償却資産の取得価額の損金算入の特例（P.108参照）

一定の要件を満たした中小企業では、取得価額30万円未満の減価償却資産を資産計上せずに、即時に費用化できます。

④ 特別償却、割増償却（P.112参照）

政策的な観点から一定の設備等を取得した場合など、通常の減価償却よりも償却限度額を増額できる制度があります。

⑤ 法人税額の特別控除（P.164参照）

政策的な観点から、試験研究を行った場合や雇用者の数が増加した場合などは、法人税額を減額する制度があります。

※19　ただし、平成20年4月1日前に終了した事業年度については7年間になります。

※20　ただし、資本金が1億円超の法人や、資本金が1億円以下であっても資本金が5億円以上である法人の100％子会社等の場合は、所得の80％までが相殺の上限となります。

※21　ただし、資本金が1億円超の法人や、資本金が1億円以下であっても資本金が5億円以上である法人の100％子会社等の場合には、この規定の適用はありません。

■青色申告は取り消されることがある

青色申告は、一度申請して承認を受けても、次の事実があると、過去にさかのぼって取り消され、特典の適用はストップされてしまいます。つまり、青色申告の特典を受け続けるためには、適切な帳簿の記帳や申告を続けるとともに、言うまでもないことですが「インチキ・ズルをしない」ということが大切です。

① 帳簿書類の備えつけ、記録、保存が法定どおりでなかった場合
② 帳簿書類について税務署長の指示に従わなかった場合 (※22)
③ 取引を仮装したり、隠ぺいしたりする場合
④ 確定申告書を期限までに提出しなかった場合

●節税ポイント　経理はここに注意！　地道な努力が節税を可能にする

■規程をしっかり整備し、運用する

節税の大前提として、まず経理をきっちりするところから始まります。経理をきっちり行うにあたってはルールブックが必要となります。担当者が変わるたびに経理処理がコロコロかわっているようでは、先に述べた継続性の原則に違反しますし、税務署からも信頼されません。まずは、経理関連規程を整備し、次のことを文書化しておき、実際にそれに沿った運用を行う必要があります。

① 権限・責務‥どの部署の誰にどのような権

図表1-8
経理関連規程の体系

経理規程
販売管理規程
与信管理規程
購買管理規程
棚卸資産管理規程
原価計算規程
外注管理規程
固定資産管理規程
有価証券管理規程
デリバティブ管理規程
予算管理規程
内部監査規程

※22　特に、次のような場合には、行政上の重いペナルティーが課せられますので、絶対に行わないように注意しましょう。

① 二重帳簿を作成していること
② 帳簿や書類などを破棄、隠したり、偽りの記載などをしていること
③ 税務申告で提出する証明書などを改ざんしたり、偽りの申請で証明書などの交付を受けていること
④ 簿外で所得を隠していたり、簿外資金で費用をねん出したりしていること

また、社会通念上不正と認められる行為と認定された場合は司法上の重いペナルティー（刑事罰）に処せられることもありますので、要注意です。

限と責務が与えられているのか

② 勘定科目・会計帳簿…勘定科目体系はどうなっているか。またどのような会計帳簿を作成するのか

③ 書類の保存期間…会計帳簿をはじめとする書類はどこの部署がどこに何年保存するのか

④ 会計処理…何に基づいて、具体的にどのような会計処理を行うのか

⑤ 手続など…どのような業務をどのような手続きで行うのか

図表1─8は、一般的な経理関連規程の体系です。業種や会社の規模等によって網羅される規程は異なりますので、自社に合うものを整備する必要があります。

■証拠書類をしっかりと残すのが節税への近道

節税をする場合、なぜその方法をとったのか合理的な理由が説明ができるかどうかがポイントになります。そのためにはそれを証明するための証拠書類をきっちり残しておく必要があります。

たとえば、使わなくなった機械を除却して損金算入する場合には、原則として廃棄する必要がありますが、廃棄コストが高くつきすぎてなかなか廃棄できないケースがあります。このような場合、廃棄しなくとも除却して損金算入できる「有姿除却」（P.115参照）が可能かどうかを検討します。有姿除却を行うことができるのは次のような固定資産にあてはまる場合です。

① 現在使用しておらず、今後事業に使う可能性がないと認められる固定資産

②特定の製品生産のための金型等で、その製造を中止したため将来も使用する可能性がほとんどないことがその後の状況等から明らかなもの

大切なのは、これらに該当することを説明できるように文書の形にしておくことです。たとえば、①については除却の稟議書の中に、その機械等を使用しないという会社の意思が客観的に把握できるようにしておきます。また②については、製造業者からの製造中止の通知文書などを稟議書に添付するなどが必要になります。

このような裏付け資料をしっかりと作成して、残しておくことで税務調査があった際にも強力な証明になるわけです。もしそのような書類を残しておかなければ、客観的に有姿除却であることが証明できないため、否認されてもやむをえません。このような証拠書類の整備が節税につながっていくわけです。したがって、経理部員は、他部門のスタッフにこういう点でのアドバイスをしていくことが期待されています。

つまり、節税の大部分はこうした地道な作業の積み重ねによるものだということをご理解ください。

■仕訳の前に税務の考え方をチェックする

日常の実務を進めるうえで、具体的にはどのような点に注意して、税務処理をすればよいのでしょうか。

ます重要なことは、税務ではどう考えるのかということを自問自答しながら、一つ一つの取引を処理するということです。

■体系的な学習もする

法人税は、ある程度の会計の知識、会計の法規の知識、そして経理部員として数年の経験がなければ理解するのがむずかしいと言われます。ですから、ふだんから法人税に関する勉強をせず、必要に駆られて場当たり的に税法等を調べ、付け焼刃で適用しようとする態度ではうまくこなせません。

そうならないためには、じっくり根を張った体系的な勉強をすることが大切です。

一方、実務の中で一つ一つの取引を法人税法の視点からみれば、疑問のある会計処理にも出会うことがあるでしょう。その際には、食らいついて徹底的に調べようとする意欲が是非とも必要です。それでもわからない点があれば、顧問税理士などに確認してみるのがよいでしょう。

また、税法は原則として毎年税制改正(※23)がありますので、この改正点をしっかりつかんで、会社の税務処理をしっかり行うことが大切です。

■学んだことを実務の中で応用し身につける

経理部員の大きな役割の一つに、法人税の学習を通じて得た知識を実務に応用して

経理部員は、会社の日常の取引について、事務処理をする前、ないしはその最中に、仕訳を行いますが、その時には必ずいったん立ち止まり、税務知識と照らし合わせ、会社にとって最もプラスになる考え方を採用するべきです。たとえば、損金経理が必要とされるもの（P.11参照）はきちんと仕訳に反映されているかなど確認が必要になります。

※23　税制改正は、毎年税制調査会で検討され、毎年12月には「税制改正大綱」としてその年の税制改正がまとめられ、国会に上程されるという流れになっています。政権が安定しているときはほぼ大綱どおりの改正が法律化されますので、経理部員としては、12月の税制調査会の「税制改正大綱」に注目する必要があります。

いくことがあげられます。

さきほど費用は発生しかつ債務が確定していることが、損金算入のために必要でした。この実務上の応用例を考えてみましょう。4月末日納期分の税額のみが費用計上できるのでしょうか。それとも残りの7月、12月、2月末日納期分も含めて全額が計上できるのでしょうか。

固定資産税は、市町村によって毎年4月1日に各所有者毎の年間の税額を決める賦課決定という手続きが行われ、1年分の税額が確定します。この税額は、通常、納税者が1回で全納するか、4回で分納するか選択できます。しかし、支払いが1回になろうが、4回になろうが、4月1日時点で年間の税額が確定しているのですから、その全額を決算時点で費用にすることができるのかもしれない、と考えられるでしょう。実際に上記の処理は通まさにその通りでこれが実務への応用という意味になります。

このようなやり方が、まさに法人税を勉強しつつ、それを節税に役立つものとして自社の取引に当てはめていくということだといえます。

■通達や裁決例、判例もチェックする

法人税法は、公正妥当な会社の会計慣行を尊重しますが、それとともに次の3つの基本的な考え方をもっています。

① 公平の考え方…これは税の公平といわれますが、課税上、同じ事実に対しては、同じ税負担があるということです。

② 申告納税の考え方…法人税は、法律の定めに基づき、納税者の自らの意思と判断に

よって、定められた日までに申告し、納税するしくみになっています。

③ 法律に基づくという考え方…課税は必ず法律の定めるところに基づいて行われるということです。ここでいう法律とは、「命令」(※24)も含み、合わせて「法令」といわれています。この基本原則を頭に入れたうえで法令を学ばなければならないわけですが、実務上頻繁に接するものに「通達」があります。通達は、国税庁長官が第一線の税務職員向けに出す、法令の解釈やその運用にあたってのガイドラインになるものです。

通達は法令には当たりませんが、税務行政がこれに基づいて行われるものであるため、実務ではこれを無視するわけにはいきません。

さらに上級編になりますが、判例などを検討することも非常に有意義です。判例は、税務訴訟等の場で裁判所が下した判決の法判断のなかで、先例として一般性をもつものをいいます。

したがって、法人税を学ぼうとするならば、法令はもちろんのこと、通達、判例についても精通すれば、鬼に金棒です。

※24 「法律」は国会によって制定され、「命令」は行政機関によって制定されます。法人税法施行令や法人税法施行規則などは、代表的な税務の「命令」になります。

※25 税務訴訟の場合は、原則として課税庁に対する異議申立てや国税不服審判庁への不服申立てを経た後でなければ裁判所への訴訟が提起できないこととなっています。国税不服審判所での審理の結果、「裁決」が下されますが、この裁決事例も実務の先例になりますので、裁決事例を調べることも重要です。

第2章 売上・売上原価の処理

1 売上の計上方法

■売上の計上方法はひとつではない

どの会社も売上を計上しなければ、商売として成り立ちません。売上には様々なものがあります。商品を仕入れて売る、自分で製造した製品を売る、サービスを提供するなどその内容は多種多様です。

売上をいつの事業年度の収益に計上するかは、それによって各事業年度の所得金額が異なってくるので、きわめて重要です。この売上などの収益については、会計上は「実現主義(※1)」を原則としています。法人税法では、「一般に公正妥当と認められる会計処理の基準」にしたがって計算すべきものとされ、収益の認識については、原則、会計上の取扱いと同じです。より具体的には、原則として、売上は商品や製品を引き渡した日の事業年度に計上します(引渡基準)。

ここで、「引渡し(※2)」というのは、どのタイミングを指すのかが問題となります。実務上は、出荷基準、船積基準、納品基準、検収基準など様々な基準があります。引渡しの日は一義的に決まりません。自社の実情に応じて合理的な方法の採用を検討する必要があります。

※1 「実現主義」とは、収益について、①商品等の移転と②対価の受領があったときに認識するという考え方をいいます。

※2 「引渡し」に関する代表的な基準は次の通りです。
① 出荷基準…商品を工場や営業所の倉庫等から得意先に出荷した日に売上計上を行う方法です。
② 船積基準…一種の出荷基準ですが、特に輸出する品物については、船荷証券の日付をもって売上計上するのが一般的です。
③ 納品基準…得意先に品物を納入した日をもって売上計上する方法です。この場合、搬入した時点、納入の受領印をもらった時点、いずれの場合でも売上計上できます。
④ 検収基準…得意先が納入された商品の数量、品質等を検査し、間違いな

■サービスにかかる収益も実現主義で計上する

サービスの場合も、実現主義をベースとした考え方に基づいて収益を計上するのが原則です。具体的には、サービスの提供が全て完了したときに収益に計上します。

■計上基準は継続して適用することが大事

売上の計上基準には、複数の方法がありますが、一度採用した方法をむやみに変更することはできません。もし、無原則に計上基準の変更を認めると、会社の都合によって計上基準をコロコロと変更して、利益調整をすることが可能となってしまいます。課税の適正性、公平性を保持するためにも、売上の計上基準は継続適用が条件となっています。したがって、「経理規程」等を作成して、それを遵守していくことが大切です。

しかし、一度採用した計上基準を絶対に変更してはダメというわけではありません。会計上、従来の会計処理に比較してより適正に企業の財政状態や経営成績を表示することとなる場合や会計基準自体の改正があった場合は、正当な理由に基づく変更として認められます。

変更するときは、利益調整と思われないように、きちんと経理規程を改正し、以後継続して適用することが大事です。

■売上代金が未確定なときでも見積り計上する

実務上、商品や製品がすでに得意先に引き渡されているにもかかわらず、販売代金が確定していない場合があります。販売代金が未確定だからといって、売上を計上しなくてもよいわけではありません。この場合は、その金額を適正に見積もって、収益に計上するこ

いということで仕入れたと認めて検収通知書を発行します。その検収通知書に記載された検収日に売上を計上する方法です。

2 特殊な売上の計上方法

■**販売方法によっては特殊な売上の計上方法がある**

売上の計上方法は引渡基準が原則ですが、販売方法等によっては特殊な計上方法があります。

① 委託販売(※3)

委託者が受託者に商品を送った時点では実現主義の要件を満たさず、この時点では売上を認識できません。したがって、委託販売の原則的な計上方法は、受託者が委託品を販売した日をもって売上を認識します。これは委託者にとっての実質的な引渡しは、受託者が商品等を販売した時点と解されるからです。

しかし、委託品についての売上計算書を週、月、旬ごとを単位として売上の都度送付されている場合は、委託者が継続してその売上を売上計算書の到達日をもって認識していれば、その処理も例外的に認められます（売上計算書到着日基準）。

② 試用販売(※4)

試用期間中は商品等の所有権は得意先に移転しておらず、通常の場合、一定期間は得意

とになります。見積りが介入するので、計上にあたっては、前年同月の水準または前月からの推移など合理的な根拠をもって適正に見積りを行う必要があります。見積り計算を行って、確定金額との間に差額が生じたときは、その差額が確定した事業年度で調整計算をします。

※3 「委託販売」とは、委託者が自ら商品等の販売を行う代わりに、受託者に販売を委託する販売形態をいいます。

先が自由にその商品等の返還をすることができます。したがって、試用販売の売上の計上方法は、得意先が購入の意思を表示した時となります。

③ 予約販売(※5)

予約販売についても、商品等を引渡した日に収益を計上する引渡基準が適用されます。

すなわち、商品等の代金を先に受取っていたとしても、商品等の引渡しが行われていなければ、この時点では売上は認識しません。あくまでも、商品等を引渡した日に引渡した分だけを売上に計上します。代金を受領し、引渡しが完了していない分については、前受金等で処理します。

④ 割賦販売(※6)

原則として、割賦販売は通常の販売形態と異なり、商品等を引渡した日をもって収益を計上します。しかし、割賦販売は通常の販売形態を除き、金利相当部分を除き、その代金回収期間が長期にわたります。また、分割払いであることから、代金回収上のリスクが高く、アフターサービス費等の費用も発生します。そのため、賦払期間が2年以上であること等所定の要件を満たす商品の割賦販売(以下、長期割賦販売等(※7))については、実現した収益を将来に繰り延べる延払基準を適用することができます。

なお、長期割賦販売等の損益計上に延払基準を適用するためには、次の要件を両方満たす必要があります。

(a) 確定決算において延払基準の方法により経理すること。
(b) 継続適用すること。

※4 「試用販売」とは、商品等を得意先に試用品として送付し、得意先が購入の申し出をしたときに販売が成立するという販売形態をいいます。

※5 「予約販売」とは、商品等の販売につき予約を取り、あらかじめ代金の全部または一部を受取って、その後、商品等の引渡しを行う販売形態をいいます。

※6 「割賦販売」とは、月賦、年賦等の方法により販売対価の支払いを受けることを定めた約款に基づき行われる販売形態をいいます。

※7 「長期割賦販売等」とは次の要件をすべて満たすものをいいます。
① 月賦、年賦その他賦払の方法により3回以上に分けて支払いを受けること。
② 資産の引渡しの翌日から最終代金の入金日までの期間が2年以上であること。
③ 頭金等が対価の2／3以下であること。

3 売上を計上するときのポイント

■経理部員は社内の啓発や連携に心がけよう!

経理部員が留意すべき事項として、次の点があります。

① 売上を正確かつ堅実に計上するためには、収益の計上時期が会社にとっていかに重要であるかを、販売・仕入・製造等の業務に携わっている人々にも理解してもらえるよう啓発することが大事です。

② 売上の計上方法については継続性が重要ですので、定型的に処理ができるように売上計上マニュアル等を経理規程の付属資料として作成しておきましょう。

③ 例外的に発生する資産の譲渡等については、特に契約を重視して、取引の検討段階からチェックするようにしましょう。

④ 売上の計上根拠は経理部員はしっかり把握しておく必要があります。そのために、他部門とのコミュニケーションを図り、連携を取ることが重要です。

⑤ 売上だけを考えるのではなく、会社の体力を真に増強させるため「売上原価」と「利益」をしっかり頭の中に入れて売上を計上しなければなりません。

■証拠資料はしっかり揃えよう!

売上に関して、計上根拠となる資料を整備しておくことは必須です。税務調査の際、痛くない腹を探られないためにもしっかり証拠資料は整えておきましょう。(※9)

これに付随して、ケースごとに次のような留意点があります。

※8 「延払基準」とは次の算式の通り、代金の支払期限到来額に応じて、利益または損失を計上します。

【延払基準の算式】

$$当期収益計上額 = 長期割賦販売等の対価の額 \times \frac{当期に支払期日が到来するものの額}{長期割賦販売等の対価の額}$$

$$当期費用計上額 = (長期割賦販売等の原価の額 + 手数料の額) \times \frac{当期に支払期日が到来するものの額}{長期割賦販売等の対価の額}$$

※9 商品・製品を販売する場合の揃えておきたい証拠資料には次のようなものがあります。

① 出荷基準では、その日付がポイントになりますので、出荷案内書や運送業者の受取書など出荷日が明確に分かるようにしておく必要があります。
② 検収基準で売上を計上する場合は、相手からの検収証明書を揃えておきます。この場合、継続性のチェックも行います。
③ 在庫としての土地等の売却の場合は、契約書の中に必ず引渡日を明記しておきます。
④ 委託販売の場合は、受託者からの週ごと、月ごと、旬ごと等の売上計算書を保管しておきます。
⑤ 割賦販売の場合で延払基準を採用するときは、契約書の中に割賦の要件が整っていることが必要です。

● 節税ポイント
■ 節税の観点からは売上を遅く計上するのが有利

売上をいつ計上するかということは、利益をいつ計上するかということに関係します。この利益をベースに税金を計算しますので、売上の計上時期は、税金の納付額と関係してきます。

当期末日までの利益に対する税金は翌期の2カ月以内に納付することになっています。たとえば、もし売上が1日遅い翌期首に計上されたならば、税金の納付額はどうなるでしょうか。その税金は、丸々1年後翌々期の2カ月目に納付すればよいことになります。すなわち、税金を納めるタイミングを遅らせることができます。納付する額は結局同じではないか、と思う方がいるかと思いますが、タイミングが遅れただけで、税金を納付するタイミングを遅らせることは重要です。

関係部門	証拠資料
営業部門	・受注台帳 ・製造指図書 ・出荷案内書 ・売上、売掛金内訳書 ・得意先からの検収証明書 ・委託販売の売上計算書 ・売上に関する契約書 ・納品書控え ・請求書控え
購買部門	・商品仕入台帳 ・原材料仕入台帳

関係部門	証拠資料
製造部門 (工場)	・仕掛品勘定内訳表 ・製品勘定内訳表
物流部門	・商品受払台帳 ・原材料受払台帳 ・製品受払台帳 ・出荷案内書 ・運送業者の受取書
経理部門	・売上勘定の内訳書 ・売掛金、受取手形勘定の内訳書
総務・法務部門	・販売、購買に関する契約書

も知れません。しかし、これは結構大きな違いなのです。税金の額を1年遅らせられたということは、その間、その金額を資金として自由に使えます。投資資金に回せば、将来の売上増加につながるかもしれません。以上、資金繰りの観点でみれば、売上計上のタイミングが遅くなるだけでも、今後の事業展開が変わってくる可能性があるので、大きなメリットになります。

■出荷基準よりも検収基準の適用を考えてみる

商品や製品の収益計上時期は、遅く計上した方が有利です。ということは、「出荷した日」より「検収した日」の方が遅いので、事業年度がまたがるときは、出荷基準よりも検収基準を適用した方が有利になります。引渡基準でいう「引渡し」は一義的に定まりません。会社の業務の流れの中で、合理的な売上計上時期を選択できます。(※10)

ただし、以下の2つの点に注意しましょう。

① 収益の計上基準は継続して同じ基準を適用しなければなりません。恣意的に変更することはできませんので、この点には気を付けましょう。

② 節税上は検収基準が有利だとしても、事務処理を考慮すれば、処理に時間のかかる検収基準を採用するよりも、出荷基準でどんどん売上を計上していった方が作業効率のよい場合があります。

■委託販売は計算書到着日に売上計上するのが有利

委託販売は、受託者が販売した日に売上計上するのが原則ですが、売上計算書到着日基準によることも認められています。売上計上を遅く計上した方が有利という考え

※10 会社の業務の流れと対応する売上計上するための折衝努力中

① 受注・契約
② 受注・契約
③ 製造指図
④ 製造完了
⑤ 検査
⑥ 倉入
⑦ 包装・梱包
⑧ 出庫、船積 ┐
⑨ 得意先の倉庫着 ┘ 引渡基準
⑩ 得意先の検収 ┐ 検収基準
⑪ 請求
⑫ 代金回収

■延払基準を利用する

売上の計上時期を遅らせるためには、売上を一括して計上せずに、分割して計上するという考え方もあります。その方法として延払基準があります。延払基準を選択するには、P.24の要件を満たす必要がありますが、支払期日の到来に応じて売上を計上できるので、節税上有利になります。

■売上を見積計上した場合は、低めに設定する

商品や製品がすでに得意先に引き渡されているにもかかわらず、販売代金が確定していないケースでは、その金額を適正に見積もって売上に計上する必要があります。この場合の見積額について、合理的な範囲内で、できるだけ低く見積もることができれば節税になります。不景気の状況では、価格競争もあり、得意先との価格交渉も有利に運べない可能性もあります。ましてやデフレの影響もあるでしょう。そんなときは、保守的に売上を低く見積もらざるを得なくなってきます。恣意的に低く見積もることは認められませんので、この点には注意しましょう。なお、見積金額と確定金額との差額は、その差額が確定した事業年度で反映されます。

4 売上原価の計上方法

■原価はいつ計上するのか?

商品などの売上には必ず仕入れた商品が存在します。原価がかかっています。では、この原価はいつ計上するのでしょうか?

原価は収益に対応させて計上します。つまり、売上を計上した事業年度で売上原価を計上します。商品を仕入れて、商品がまだ売れていなければ売上原価として費用計上はしません。商品が売れたら、見合いとして費用が計上されます。したがって、当然のことですが、売上数量と売上原価の数量は一致します。一致しない場合は、売上か売上原価の計上が間違っている可能性があります。数量の一致は必ず確認しましょう。

■在庫である土地等は引渡しの日に収益計上する

在庫である土地や建物等の不動産を販売して収益計上する場合は、契約の効力発生日よりも引渡しの日の方が遅いので、引渡しの日とされています。一般的に、契約の効力発生日よりも引渡しの日の方が遅いので、引渡しの日をもって収益計上すれば、節税になります。

この引渡日は相手方が使用収益できることになった日か、相手方でいつ使用収益を開始したかが明らかでない場合は、土地に関して、代金のおおむね50％以上を受け取るに至った日か、所有権移転登記の申請をした日のうち、いずれか早い日を引渡しのあった日とします。

■売上原価とは

売上原価に影響を与えるものは次の3点になります。[※11][※12]

① 商品、原材料の仕入高
② 商品、原材料、仕掛品、製品の期首および期末棚卸高
③ 総製造費用、すなわち原材料費、労務費、経費

これら3点の加減算で売上原価は算出できることになります。

まず、商品、原材料の仕入高は請求書や納品書などからその金額は把握できます。次に、総製造費用は、必要科目を集計すれば比較的簡単に求めることができます。他方、期末棚卸高は、別途在庫となっている金額を確定する手続きが必要になってきます。すなわち、期末時点での数量を把握し、それを会社が選択した評価方法で評価することになります。また、期首棚卸高は前期末の棚卸高です。毎期末、この手続きを実施します。

したがって、売上原価を算出するには、期末時点の在庫数量と評価がポイントということになります。

5 在庫の数量の把握

■数量の確認方法

期末時点の数量の確認方法としては、棚卸計算法[※13]と継続記録法[※14]があります。

棚卸計算法は、実務的に作業の簡便化が図れる方法です。しかし、棚卸減耗等があった場合は、払出量に含まれてしまうので、必ずしも在庫管理には十分な方法とはいえません。

一方、継続記録法については、この方法だけでは、紛失などの減少を把握できませんし、

※11 売上原価の求め方は次の算式になります。

＜商品仕入の場合＞

売上原価 ＝ 期首商品棚卸高 ＋ 当期商品仕入高 － 期末商品棚卸高

＜製造業の場合＞

売上原価 ＝ 期首製品棚卸高 ＋ 当期製品製造原価 － 期末製品棚卸高

当期製品製造原価 ＝ 期首仕掛品棚卸高 ＋ 当期製造費用 － 期末仕掛品棚卸高

当期製造費用 ＝ 原材料費 ＋ 労務費 ＋ 経費

原材料費 ＝ 期首原材料棚卸高 ＋ 当期原材料仕入高 － 期末原材料棚卸高

※12 税務調査などに備えてあらかじめ取り揃えておきたい資料には次のようなものがあります。

証拠資料
・組織図
・給与規程
・賃金台帳
・請求書
・減価償却台帳
・経費明細
・原価計算表
・原価差額の内訳表
・仕掛品勘定内訳表
・製品勘定内訳表

6　在庫の期末評価方法

■税法で評価方法は定められている

法人税法では、所得計算を適正に行うために評価方法を規定しています。会社は法人税法で認められる評価方法のうち、届け出た評価方法を用いて評価額の計算を行います。

評価方法には次のものがあります。

① 原価法(※15)
② 低価法(※16)
③ 特別な方法(※17)

原価法の評価手続きの方法としては**図表2−1**のいずれかの方法によります。

■低価法で用いる時価は？

原価と比較する時価は、従来まで、いわゆる再調達原価(※18)とされていましたが、平成19年度の税制改正で、再調達原価だけでなく正味売却価額(※19)をも含んだ一般的な時価を指すことになりました。これは、「棚卸資産に関する会計基準」に従った低価法の会計処理を法人原価と比較する時価は、従来まで、いわゆる再調達原価(※18)とされていましたが、平成19年度の税制改正で、再調達原価だけでなく正味売却価額(※19)をも含んだ一般的な時価を指すことになりました。これは、「棚卸資産に関する会計基準」に従った低価法の会計処理を法人

※13　「棚卸計算法」とは、期中は棚卸資産の受払を記録せず、期末に在庫の実地棚卸を行う方法をいいます。

※14　「継続記録法」とは、一品目ごとに受払及び残高を記録し、その帳簿記録によって在庫数を把握する方法をいいます。

【仕入に関する資料】

項目	内容	証拠資料
商品関係	仕入	・契約書 ・納品書 ・請求書
	期首・期末在庫	・在庫受払表 ・在庫証明書 ・廃棄証明書
製品関係	原材料	・契約書 ・納品書 ・請求書 ・原材料の受払表 ・予定単価表

項目	内容
製品関係	労務費
	経費
	製造費用
	仕掛品
	製品

図表2-1　原価法の具体的な算定方法

評価方法	内　容
個別法	期末在庫の全部について、個々の実際の取得原価をもって期末の評価額を計算する方法
先入先出法	期末に最も近く取得されたものから順に残っているものとして期末の評価額を計算する方法
総平均法	期首在庫の取得価額の総額と期中の取得額の総額との合計額を、これらの総数で割った平均単価によって期末の評価額を計算する方法
移動平均法	在庫を取得する都度、そのときの取得価額と在庫の取得価額との合計額を、これらの総数で割って平均単価を出し、期末に最も近い日における平均単価によって期末の評価額を計算する方法
最終仕入原価法	その事業年度の最後に取得したものの単価で、期末の評価額を計算する方法
売価還元法	期末在庫の期末時での通常の予定販売価額の総額に原価率を乗じて、期末の評価額を計算する方法

税法も認めるようになったためです。

■切放し低価法は廃止に

低価法には従来「洗替え低価法」[20]と「切放し低価法」[21]がありました。平成23年度の税制改正で、平成23年4月1日以後開始する事業年度では、切放し低価法が廃止され、洗替え方式によって評価を行うことになりました。

■低価法の判定単位は細分化できる

低価法の適用については、次の点に注意します。

① 低価の事実の判定は、原則として種類、品質、型の異なるごとに区分して行います。
② 売価還元法を適用している場合には、通常の差益率の異なるごとに区分していれば、その単位ごとに判定します。
③ 事業の種類ごとに区分して一括計算できます。
④ 原価差額調整[22]を一括して行っているときは、調整の単位ごとに判定します。

※15 「原価法」とは、在庫の取得に際し、実際原価で会計帳簿の記録し、期末在庫も実際原価で評価する方法をいいます。

※16 「低価法」とは、在庫の取得に際し、実際原価で会計帳簿の記録し、期末在庫は実際原価と時価のいずれか低い方の価額で評価する方法をいいます。

※17 「特別な方法」とは、原価法、低価法によらないで、税務署長の承認と継続適用を条件に適用する特別な評価方法です。

※18 「再調達原価」とは、購買市場と売却市場とが区別される場合における購買市場の時価のことをいいます。買入に付随する費用を加算します。

※19 「正味売却価額」とは、売価から製造原価や販売経費の見積額を控除したものをいいます。

※20 「洗替え低価法」とは、在庫評価額を切り下げた後、翌期に計上した評価損を戻し入れて、新たに評価損を

7 期末評価方法による損益の影響

低価の事実の判定単位は、弾力的に取り扱われていますが、これが細分されれば評価損計上の余地は大きくなります。

■評価方法の選び方で損益が変わる

評価方法の選び方で会社の利益や課税所得が変わってきます。**図表2－2**のように影響がでてきます。

また、評価方法は一定単位ごとに選定します。すなわち、事業の種類ごとに、かつ資産の区分ごとに選定します。ここで、資産の区分とは、①商品または製品②半製品③仕掛品④主要材料費⑤補助材料費その他の在庫をいいます。

■評価方法の届出

ある資産の区分について初めて評価方法を選択しようとする場合は、申告期限までに所轄の税務署に届出を行う必要があります。届出がない場合は、「最終仕入原価法」(法定評価方法)を選定したものとされます。したがって、会社にとって有利な評価方法を採用するには、期限までにしっかり届出を行う必要があります。

また、評価方法を変更しようとするときには、変更しようとする期の前期末までに「棚卸資産の評価方法の変更承認申請書」を所轄の税務署に提出して承認を受ける必要があります。変更しようとする事業年度に入ってからの届出では遅いので要注意です。

※21 「切放し低価法」とは、在庫評価額を切り下げたままにする方法をいいます。

※22 「原価差額調整」とは、実際原価と標準原価または予定原価との差額のことをいいます。

計上し直す方法をいいます。

図表 2-2　評価方法による影響額

日付	内容	仕入 数量(個)	仕入 単価(円)	仕入 金額(円)	払出(個)	残高(個)
	繰越高	50	100	5,000		50
○月○日	仕入	40	80	3,200		90
○月○日	売上				20	70
○月○日	仕入	40	120	4,800		110
○月○日	売上				50	60
	合計	130		13,000	70	60

計算例

在庫金額	売上原価	売上原価への影響
＜先入先出法＞ 期末在庫は後から仕入れたものが残る 40個×120円＝4,800円 <u>20個× 80円＝1,600円</u> 　計　60個　　6,400円	13,000円（130個） <u>− 6,400円　（60個）</u> 　6,600円　（70個）	売上原価は二番目に大きい
＜総平均法＞ 13,000円÷130個＝100円 60個×100円＝6,000円	13,000円（130個） <u>− 6,000円　（60個）</u> 　7,000円　（70個）	売上原価は一番大きい
＜最終仕入原価法＞ 60個×120円＝7,200円	13,000円（130個） <u>− 7,200円　（60個）</u> 　5,800円　（70個）	売上原価は一番小さい

8 在庫の取得価額

■購入か自社製造かで計算方法が異なる

在庫の期末評価の計算の基礎となるのは、取得価額です。法人税法上、在庫の取得価額は、それが購入か自社製造かで計算方法が異なっています。(※23)

購入に際してかかった付随費用は、原則として取得価額に加えなければなりません。取得価額に加えなければならない付随費用としては、引取運賃、荷役費、運送保険料、購入手数料、関税などがあります。しかし、これは原則であって、少額であれば取得価額に含める必要はありません。つまり、次のような付随費用は、取得価額に含め、その合計額が購入対価のおおむね3%以内であれば、取得価額に含め、その期の損金に算入できます。

① 買入事務、検収、整理、選別、手入れ等に要した費用
② 販売所等から販売所等へ移管するために要した運賃、荷造費等の費用
③ 特別の時期に販売する等のため長期にわたって保管するために要した費用

また、たとえ在庫の取得または保有に関連して支出するものであっても、次のものは、その取得価額に含めず、その期の損金に算入できます。

① 不動産取得税

●節税ポイント

■付随費用の取扱いが節税のポイント

※23 在庫の取得価額は次のように計算します。

〈購入の場合〉

購入対価
購入先に支払った代金	引取運賃、荷役費、運送保険料、購入手数料、関税等購入のために要した費用

＋

| 消費または販売のために直接要した費用 |

〈自社製造の場合〉

製造原価
原材料費	労務費	経費

＋

| 消費または販売のために直接要した費用 |

② 固定資産税および都市計画税
③ 特別土地保有税
④ 登録免許税、その他登記または登録のために要する費用
⑤ 借入金の利子

■原価差額は適正に調整する

在庫の取得価額は実際原価によりますが、会社によっては、予定価格や標準原価を採用している場合があります。このような場合は、製造原価と実際原価が一致しないことがあります。この原価差額については、売上原価と在庫とに適正に配賦して調整することが必要になってきます。

ただし、原価差額が総製造費用のおおむね1％以内である場合は、その計算の明細を確定申告書に添付することを条件に、原価差額の調整を行う必要はありません。

したがって、原価差額を総製造費用の1％以内に抑えれば、節税上有利になりますし、売上原価と在庫の配賦計算を省略できるので、事務手続きが簡略化できます。

●節税ポイント

■評価損を計上する

会社が自社の考えで在庫の評価替えをし、勝手に帳簿価額を減額することは原則としてできません。しかし、会社が低価法を採用していなくても次のような特別な事由

9 売上の修正（値引・割戻し等）の処理

売上を修正する項目、すなわち、売上から控除される項目としては、次の4つがあります。
① 売上値引、(※25) ② 売上戻り、(※26) ③ 売上割戻し、(※27) ④ 売上割引です。(※28)

が生じたときは、評価損を計上して損金算入ができます。
① 災害により著しく損傷した場合
② 著しく陳腐化した場合(※24)
③ 破損、型崩れ、たなざらし、品質変化等により通常の方法によって販売することができなくなった場合など

ここでの注意点としては、陳腐化等の程度や通常の方法では販売できない旨等を客観的に証明したりするのはなかなか困難だということです。税務署に対して根拠をもって説明できるような資料を用意しておくことが重要になります。なお、この説明資料は経理部門だけで用意できるとは限らず、営業部門等の協力をあおぐ必要がありますので、経理部員は各部門とのコミュニケーションを大事にしましょう。

■売上戻りは、破損などで返品されたもの

売上戻りは返品されたものですが、これも売上値引同様、過年度に販売されたものであっても、得意先から返品通知を受けた事業年度または現実に返品を受取った事業年度で計上します。

※24 「著しく陳腐化した場合」の具体例として次のようなものがあります。
・季節商品で売れ残ってしまい、今後通常の価額では販売することができないことが、今までの実績やその他の事情に照らして明らかな場合
・ほぼ同じ用途で、型式、性能、品質などが著しく異なる新製品が発売されたために、今後通常の方法による販売ができなくなった場合

※25 「売上値引」とは、売上げた商品等に、品目不足や破損などの原因が生じたときに売上を減少させるものをいいます。過年度に計上された売上について、値引きが発生したとしても、現実に値引のあった事業年度で計上します。

※26 「売上戻り」とは、売上げた商品等が、品質上の欠陥、誤送、破損などの理由で返品されてきたものをいいます

※27 「売上割戻し」とは、一定期間に多額・多量の取引をしていただいた得意先に対して行う販売奨励金や販売手数料、謝礼金に類するものをいいま

売上戻りについては、返品在庫の受入に注意を要します。売上戻りは他の控除項目と違って、売上の修正という処理だけでなく、返品された在庫の受入処理もあわせて行わなければなりません。すなわち、売上原価を減少させ、在庫計上を行います。また、この返品在庫は、評価損の対象となる可能性が高いです。返品理由が破損であったり、販売後相当日数が経過したことで流行遅れになっていたりした場合は、評価損の計上の要否を検討することが必要です。

●節税ポイント

■返品調整引当金計上の検討

出版業、出版取次業、医薬品や医薬部外品の製造業等の一定の業種に関しては、要件(※29)を満たせば返品調整引当金の計上ができます。返品を受け入れる商慣習のある指定業種については、返品調整引当金の計上の要否を検討することが必要です。

■売上割戻しは、売上等に比例して金銭で支出するもの

売上割戻しは、得意先の販売努力に対する費用として売上から控除します。法人税法上、売上割戻しは交際費と認定されやすいため、他の控除項目よりも問題が生じやすいことから、交際費に該当するものがないか、よく検討する必要があります（P.77頁参照）。

売上割戻しの計上時期は、次のようになっています。

① 算定基準が販売数量や販売金額によっており、契約書等に明示されているケース

※28 「売上割引」とは、得意先が所定の支払期日前に支払ったことに対して金利相当額分を現金で交付したり、売掛金から差し引くものをいいます。
売上割引は、会計上は金融費用として、損益計算書の「営業外費用」に計上することとなっています。一方で、税務上は売上割引を行った年度の売上高から、売上割引を控除する方法も認められます

※29 一定の事業に係る棚卸資産の大部分について常時販売先との間に次のような特約を結んでいることが要件となります。
① 販売先からの求めに応じて、その販売した棚卸資産を当初の販売価額で無条件に買戻すこと
② 販売先においては棚卸資産の送付を受けた場合には、注文の有無を問わずこれを購入すること

10 原価の修正（値引・割戻し等）の処理

計上時期…商品等の販売日

ただし、継続適用を条件として、売上割戻しの金額を通知または支払った事業年度に計上することもできます。

② 算定基準が契約書等に明示されていないケース

計上時期…金額を通知した日または支払った日

ただし、売上割戻しを支払うことやその算定基準が内部的に決定されており、期末に売上割戻し額を未払金として計上するとともに、申告期限までにそれを得意先に通知したときは、継続適用を条件に損金算入できます。

■証拠資料を整備する

売上の控除項目は、すべて得意先との関係で発生するものです。得意先が少数の場合はともかく、多数の得意先があり、かつ多くの商品を扱い、様々な販売方法を採用している場合は、契約書や計算書、台帳などを整備しておかないと面倒なことになってしまいます。(※30)

これらの証拠資料は、営業、製造等の関係部門に経理部員は協力を仰ぎ、しっかりと対応する必要があります。

売上を修正する項目の逆のパターンとして仕入の修正項目もあります。こちらも仕入から控除される項目として、①仕入値引(※31)、②仕入戻し(※32)、③仕入割戻し(※33)、④仕入割引(※34)があります。

※30 売上の修正に関する証拠資料には証拠資料には次のようなものがあります。

内容	証拠資料
売上値引	・出荷案内書 ・売上台帳 ・売掛金台帳 ・売上値引承認書 ・得意先との売上値引確認書
売上戻り	・売上台帳 ・売掛金台帳 ・売上原価台帳 ・在庫受払表 ・返品台帳 ・返品確認書

内容	証拠資料
売上割戻	・売上台帳 ・売掛金台帳 ・預り保証金台帳 ・売上割戻契約書 ・売上割戻規程 ・売上割戻承認書 ・売上割戻に関する契約書
売上割引	・売上台帳 ・売掛金台帳 ・売上割引計算書 ・支払利息台帳

■仕入割戻しは、売上割戻しの取扱いと対応している

仕入割戻しの計上時期は、相手方との契約の有無、内容によって区分されます。

① 算定基準が購入価額や購入数量によっていて、契約書等に明示されているケース

　計上時期…購入した日

なお、売上割戻しのように通知を受けた日や支払を受けた日に計上することは認められていません。

② 算定基準が契約書等に明示されていないケース

　計上時期…仕入割戻し額の通知を受けた日

また、仕入割戻しの計上方法は、継続適用を条件として、仕入割戻しの額は益金の額に算入されません。一方、雑収入に計上した場合は、仕入商品の販売の有無にかかわらず益金の額に算入されます。

ということは、仕入から控除する方法を適用した方が有利になります。

なお、仕入割戻しの計上時期にその仕入割戻しを計上しなかった場合は、雑収入として計上します。

●節税ポイント
■決算締切日の10日間前倒し

事業年度は会社の定めたものによっており、会社の取引は事業年度ごとにすべて集計され、それに基づいて決算の確定や確定申告が行われます。

※31 「仕入値引」とは、仕入商品の品目不足、品質不良、破損などの理由により仕入れ代金から控除されるものをいいます。仕入値引の計上時期は、仕入先との了解により、値引が確定した時になります。

※32 「仕入戻し」とは、仕入れた商品等を誤送入荷、品質不良などの理由で仕入先に返送したものをいいます。仕入戻しの計上時期は、仕入先への返送日、返品の通知日、実際の承諾日の3つがあります。実務ではその承諾日の通知日、返品の承諾がいる場合はできるだけ早い計上が望まれます。

※33 「仕入割戻し」とは、一定期間に多額又は多量の取引をした場合、仕入先から受ける仕入れ代金の返戻額などのことをいいます。

※34 「仕入割引」とは、会社が商品代金を約定期日前に支払った場合、金利相当額分を現金で交付してもらったり、買掛金から差し引いてもらうものをいいます。仕入割引は、一種の金融上の収益であり、会計上は営業外収益に計上します。計上時期は、仕入先に支払いがなされた時点ですが、その時

しかし、実務上、会社としては、月末までに支払いを受けるためにはそれより5～10日前に請求書を発行するといった場合があります。このような事情から、一般に月末決算の会社であっても20日あるいは25日で請求金額を締め切り、取引先に請求書等を送付したりします。そして、決算もその締め切って請求した金額や請求された金額をもって決算額とする経理上の慣行があります。そこで、税務上も、一定の条件の下に、決算締切日を決算日前おおむね10日以内の一定の日にできることになっています。

一定の条件とは、次の3つの要件がすべて満たされている場合です。

① 商慣習、その他相当の理由があること
② 事業年度終了の日以前、おおむね10日以内の一定日、たとえば月末決算日であれば20日や25日等であること
③ その決算締切日を毎期継続して適用すること

点で金額が確定していない場合は仕入先から割引の通知を受けた時点となります。

第3章 役員の報酬、賞与、退職金の処理

1 役員の範囲は広く厳しく判定される

■役員報酬、賞与、退職金には制限がある

会社が支払う給与は、原則として費用として経理処理します。給与は、その支給を受ける人が役員なのか、それとも従業員なのかによって、税務上の取扱いが異なります。

すなわち、従業員の給与が原則として損金算入できるのに対して、役員の毎月の報酬や役員賞与は税法が定める要件を満たさない限り損金不算入とされています。

これは、役員が自分の給与や賞与、退職金などを決めるときに、ある程度自由がきく（お手盛り）ことから、役員の給与等の水準を調整することによって会社の利益や所得水準を調整することを防ぐための措置だと考えられます。このことは、役員の賞与を無条件に損金算入できる場合を想像してみれば、容易に理解できます。たとえば、期末近くなって会社が2,000万円の利益を計上しそうなことが分かったとしましょう。その会社の社長（オーナー社長）が利益を出して税金を払うくらいなら、自分に役員賞与を2,000万円支給して会社の利益をゼロにしようと考えたとします。つまり役員賞与が損金算入できるならば、役員賞与の支払いによって会社の所得金額を自由にコントロールできてし

※1 税務上、役員の給与は、役員報酬、役員賞与および役員退職金の三つをいいます。

■税務上の役員は会社法上の役員より範囲が広い～みなし役員

会社法上の役員は、取締役、監査役などのことをいいますが、税務上の役員には、会社法上の役員だけでなく、顧問、相談役といった肩書きであっても、実質的に経営に従事している者を含みます。

具体的には、次の①、②のような人は、会社法上の役員でなくても、役員と同じような仕事をするとみなされ、税務上は役員とみなされます。これを「みなし役員」といいます。

みなし役員の判定は図表3−2の通りです。

① 従業員以外の人で、取締役会につねに出席するなど、会社の経営にタッチしている人

② 同族会社（P.157参照）の従業員のうち、大株主グループに属し、会社の経営にタッチしているようなケースです。税務上の規制を免れることを目的として、経営者を形式的な役員からはずすような租税回避行為が可能とならどちらの場合も、会社の経営に従事していて実質的には役員なのに、形式的には役員ではない、つまり肩書きだけ役員からはずしている

まうわけです。そこで、法人税の計算上は、役員賞与を損金不算入とし、役員賞与をいくら支払っても図表3−1の通り会社の所得金額には影響させないようにしています。役員報酬や役員退職金ついても、同様の理由から制約が設けられています。

一方、従業員の給与の場合は、役員の給与と異なり、役員の場合のような「お手盛り」は考えにくいことから、原則として損金に算入できます。

ですから、給与等については、役員と従業員とに分けて考え、給与、賞与、退職金ごとにその取扱いを検討することが必要です。

図表3−2　同族会社の従業員でみなし役員となる場合の判定

チェック1	会社の経営に従事しているか
	↓YES
チェック2	持株割合が50％になるまでの株主のグループに入っているか
	↓YES
チェック3	持株割合が10％超の株主のグループに入っているか
	↓YES
チェック4	従業員夫婦と支配会社（持株割合が50％以上の会社）の持ち株割合が5％を超えているか
	↓YES
判定	みなし役員となる

図表3−1　役員賞与を支払っても所得金額は変わらない

（万円）

（役員賞与の支給がない場合）	（役員賞与の支給がある場合）	
売上総利益 2,000	売上総利益 2,000	
役員賞与 　　　0	役員賞与 △2,000	
利益　　　 2,000	利益　　　　　 0	
	役員賞与 ＋2,000	→申告書で加算調整
所得金額　 2,000	所得金額　 2,000	

ないよう、税法が措置したものだと考えれば理解しやすいでしょう。

2 役員の給与は原則として損金不算入

■執行役員は役員か[※2]

最近は、「執行役員」という肩書きをよく見かけます。

会社法上の役員である取締役は取締役会のメンバーですが、人事政策上の必要から取締役会のメンバーをどんどん増やしてしまうと、会社の意思決定の機動性や柔軟性が損なわれてしまいます。そこで、取締役会のメンバーにはしないが、人事上は役員待遇の職位として、執行役員という肩書きを設けるケースが多いようです。

執行役員は執行役員規程で定められるのが普通ですが、雇用契約ではなく委任契約に基づく職位として位置づけられ、その報酬、福利厚生、服務規律等は役員に準じていることが多いようです。

この場合、執行役員は会社法上の役員にはあたらず、みなし役員に該当しなければ、税務上の役員としません。

■損金算入できる役員給与

毎月支払う役員報酬と役員賞与は、原則として損金不算入です。

ただし、**図表3−3**の条件を満たす場合に限り損金算入することができます。

※2 会社法では、一般的な取締役会設置会社のほかに「委員会設置会社」という形式の会社も認められています。委員会設置会社には「執行役」という法定の役員が置かれます。取締役会設置会社の執行役員は、名前が似ていますが、これとは異なります。

図表3-4　過大報酬は損金不算入

←損金不算入→	←損金→
過大	妥当

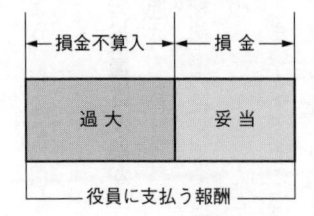

―役員に支払う報酬―

図表3-3　損金算入できる役員報酬

区分	内容
①定期同額給与	給与が毎月同時期に支払われ（定期）、かつ、毎回の支給額が同額の給与（詳細はP.47「節税ポイント」参照）
②事前確定届出給与	あらかじめ決められた時期にあらかじめ税務署長に届け出た金額を支払われる給与（詳細はP.47「節税ポイント」参照）
③利益連動給与	同族会社に該当しない会社が、業務執行役員に対し、有価証券報告書に記載された、その事業年度の利益指標に基づいて、利益に連動して支給する給与（注）

（注）利益連動給与は、その算定方法を期首から3カ月以内に報酬委員会が算定する等の適正な手続きを経て決定し、その内容が有価証券報告書に記載されること、利益指標の確定後1カ月以内に支払われ、損金経理されること等の条件を満たす必要があります。

図表3-5　不相当に高額かどうかを判定する基準

区分	内容
①形式基準	役員給与の金額は、会社法上、定款の規定や株主総会等の決議により決めなければならないことになっています。一般的には、これらの決議等によって給与の上限額を定めることが多いようですが、支払うことができる限度額を超えて支給してしまった場合に、その超過額を不相当に高額とする基準です（注1）。
②実質基準	その役員に対して支給した給与のうち、その職務内容、その会社の利益水準、従業員の給与水準、類似する規模の同業他社の給与水準等に照らして、その職務内容の対価として相当と認められる金額を超える部分を不相当に高額とする基準です（注2）。

（注1）形式基準は、株主総会の決議等において、支給限度額に使用人兼務役員（P.49参照）の使用人部分を含まない旨を決議している場合には、使用人分給与の適正額を除外して判定します。
（注2）実質基準における「役員に対して支給した給与」には、役員報酬のほか、使用人兼務役員（P.49参照）の従業員分給与、手当等も含めて判定します。
　　　また、その判定は、役員個々に判定します。

■不相当に高額な役員給与

役員給与が図表3-3に挙げた条件を満たす場合であっても、その金額が不相当に高額である場合は、その高額部分は損金算入できません（図表3-4）。

不相当に高額かどうかは、図表3-5の形式基準と実質基準の二つによって判定します。

なお、両方の基準とも不相当に高額と判定された場合は、より低い方の基準を超えた金額が過大とされます。

●節税ポイント
■役員給与は定期同額給与の条件を満たすように支給する

もう少し、定期同額給与について補足することにしましょう。

通常、毎月の役員報酬を損金算入できるケースというのは、図表3-3の①〜③の中では、①の定期同額給与に該当する場合が多いと思います。役員給与を支給する場合には、定期同額給与の条件からはずれないように支給することが大切です。定期同額給与に該当するためには、図表3-6の条件を満たす必要があります。

役員給与は金額が大きいだけに、もし定期同額給与の条件を満たさず、損金不算入ということになってしまうと、法人税額が大幅にアップすることにもなりかねません。

個々の人件費は経理部員がタッチできない場合もありますから、人事部員は定期同額給与の意味をしっかり理解しておくことが必要です。

■役員賞与は事前確定届出給与に該当すれば損金算入できる

役員賞与は事前確定届出給与に該当する場合には、損金算入することができます。

事前確定届出給与とは、あらかじめ決まった時期に決まった額を支給する給与で、期限までに所轄税務署長に対し届出をすることが条件になります。

したがって、あらかじめ役員に支払う賞与の額が決まっていれば、事前に届出をすることにより損金算入することができます。

事前確定届出給与の届出は、次のうち一番早い日までに行う必要があります。

① 役員給与の決議をする株主総会等の日から1カ月を経過する日

図表3-6 定期同額給与の条件

区　分	内　　容
支給時期 【定期の意味】	支給時期は、1カ月以下の一定期間ごとに支給することが必要です（注1）。 役員賞与のように、年に1回だけ支払うようなものは、この条件を満たしませんので、定期同額給与には該当せず、損金不算入となります。
支給額 【同額の意味】	支給額については、次の①および②の条件を満たすことが必要です。 ①給与改定が次のいずれかにより行われること。 ・事業年度の初日から3カ月以内に行われる改定（定期の改定） ・役員の職制上の地位・職務内容等が大きく変更になったため行われる給与改定や、経営状況が著しく悪化した等の理由による減額改定（臨時の改定） ②事業年度内の各支給時期の支給額が同額であること（注2）。

（注1）非常勤役員の場合、年に1回の年俸制とするケースもあるようですが、この場合も非同族会社の役員の場合に限って、他に定期給与の支給を受けていなければ、損金算入できます。同族会社の役員の場合は次に述べる事前確定届出をしなければ、原則どおり損金不算入となります。
（注2）事業年度内に①の給与改定があった場合は、給与改定前までと改定後の各支給額が同額であることが必要です。

3 使用人兼務役員の従業員分は損金になる

② 職務執行を開始する日から1カ月を経過する日
③ 事業年度（会計期間）開始の日から4カ月を経過する日

■使用人兼務役員の従業員分給与は損金算入できる

使用人兼務役員とは、役員のうち、部長、工場長、支店長など使用人（従業員）としての職制上の地位を有し(※3)、実際に、常時従業員としての職務に従事している人をいいます。

使用人兼務役員は、その職務の内容に従業員としての職務が含まれていることから、従業員分に相当する額は、従業員の給与として損金算入することができます。ただし、従業員としての職務に対する賞与を他の従業員に対する賞与の支給時期と異なる時期に支給した場合には、損金に算入できないことになっていますので、支給時期については注意が必要です。

また、使用人兼務役員は、社長、副社長、専務、常務、監査役等の役位でないこと、代表取締役でないこと、同族会社の大株主グループに属する特定の株主等でないことのほか、従業員としての給与は、従業員の職務に対する適正額であることが必要です（図表3-7）。

■適正額は直前の給料などで判断する

使用人兼務役員の従業員分報酬が適正であるかどうかは、①同じような仕事をしている

※3 使用人としての職制上の地位とは、その会社の組織上定められている使用人としての地位をいい、総務担当役員とか営業担当役員といった、いわゆる部門統括役員は使用人としての職制上の地位には該当しません。

図表3-7　使用人兼務役員の要件

チェック1	従業員として部長、支店長、工場長などの地位にあるか
↓ YES	
チェック2	常勤であるか
↓ YES	
チェック3	次のどれにも該当しないか ①社長、副社長、専務、常務 ②合名・合資会社の業務執行社員 ③監査役、監事 ④同族会社のみなし役員
↓ YES	
判　定	使用人兼務役員となる

4　経済的利益に課税されることがある

■経済的利益は給与となる

給与は現金で支払われるものだけと考えがちですが、税務では、実質的にその役員に対して給与を支給したのと同様の経済効果をもたらすものも経済的利益として給与に含めます。

役員への経済的利益は、基本的には毎月金額がおおむね一定しており、定期同額給与に該当すれば損金に算入できます。たとえば、社長に対し、トップセールスのための交際費として毎月定額の20万円を支給し、使用実績の精算報告も求めないような場合（これを「渡切り交際費」ということがあります。）を考えてみましょう。この20万円は、使途の確認や精算をせず、社長が自由に処分できるお金ですので、社長に対する給与として扱われます。そして、毎月定額で支給されていますので、定期同額給与に該当するものとして、過大役員給与に該当する場合を除き、損金に算入できます。

他方、臨時的なもの、たとえば渡切り交際費を半年に1回だけ支給するようなものは、定期同額給与に該当しませんので損金不算入となります。

従業員の給与に相当しているかどうか、②比較する従業員がいない場合は、（a）役員になる直前に受けていた給料やその後のベースアップの状況、（b）従業員の最上位の人の給料の額などによって判定します。

実務的には、（b）の従業員のうち最上位にある人の給料と比較して検討することが多いようです。

5 高すぎる役員退職金は損金にならない

■支給には株主総会の決議が必要

役員退職金とは、その名称がどんなものであれ、役員の退職によって支給される一切の給与です。会社法では、定款にその額の定めがないときは、株主総会の決議がなければ支給できません。[※4]

●節税ポイント
■退職金の損金算入の時期に注意する

役員退職金は、株主総会の決議等によりその支給額が具体的に確定した事業年度の損金の額に算入します。つまり、原則として、損金算入時期は、株主総会の決議日ということになります。

しかし、会社が実際にその退職給与を支払い、その支払った額を損金経理した事業年度に損金算入することも認められています。役員退職金は、金額が大きくなることが多いことから、損金算入の時期によって法人税額が大きく変わる可能性があります。

また、従業員が役員に昇格した場合などには、その従業員に対し、従業員であった期間に係る退職金を支給する場合があり、この退職金は支給した日の事業年度に損金算入することになります。ただし、この支給時の損金算入が認められるためには、こ

※4 みなし役員の退職金については、みなし役員は会社法上の役員ではありませんので、会社法の規制を受けません。したがって、株主総会の決議は不要です。

の退職金が退職給与規程に基づいて支給される必要がありますので、退職給与規程をきちんと整備しておくことが節税になります。

■役員退職金を4つの要素から判定する

役員に対する退職金については、経理処理のいかんにかかわらず、原則として損金に算入されますが、不相当に高額な部分の金額は、損金に算入できません。このため、役員退職金が過大でないかどうかの検討が必要です。

一般に、役員退職金が過大であるかどうかの判断は、①退職の事情、②会社業務に従事した期間、③類似規模・同業他社の支給状況、④貢献度や在職中の職務内容等の観点から検討して、相当と認められる金額を超えるかどうかによりその判定を行います。

実務で通常用いられているのは、功績倍率法といわれる方法です。この算式のうち、功績倍率がキーになりますが、どの程度であれば適正であるかの明確な基準はありません。しかし、一般的には功績倍率を2〜3倍程度として、役員退職金内規にこの功績倍率法に準じた算定方法を定めているケースが比較的多いようです。

【功績倍率法】
役員退職金の額＝退職時の最終報酬月額×勤続年数×功績倍率（図表3－8）

図表3-8　功績倍率法の具体例

［設例］	
A社役員甲氏	勤続年数＝30年　功績倍率＝2.0倍と仮定した場合
	（ケース1） ・役員報酬が高額(60万円/月)な場合 （ケース2） ・役員報酬が低額(20万円/月)の場合

功績倍率法

（ケース1）
・60万円×30年×2.0＝3,600万円
（ケース2）
・20万円×30年×2.0＝1,200万円

第4章 従業員の給与、福利厚生などの処理

1 従業員の給与、賞与、退職金にはすべて損金になる

■従業員の給与、賞与、退職金にはどんなものがあるか

会社は、従業員の労働の対価として、給料、賃金、諸手当、賞与、退職金などを支払っています。これらをまとめて給与といいます。

こうした従業員に支払う給与は、税務上、すべて会社の損金になります。

したがって、役員の給与とは違い、通常は、企業会計に沿って処理をしている限り、税務上の損金性が問題になることは少ないでしょう。

しかし、従業員の給与の場合は、以下でご説明するように、会社がその費用を法人税の計算上、損金算入できるかどうかだけでなく、それを受け取った従業員が、個人の所得として課税されるのかどうかについても考えなければなりません。いいかえれば、会社の法人税の問題だけでなく、会社が源泉徴収する所得税のことも考えなければなりません。

■何が税務上問題になるのか〜源泉徴収は会社の義務

「従業員個人の給与に課税される所得税は個人の税金なんだから、会社には関係ないん

じゃないの?」そう思う人もいるかもしれません。そこで、この点についてもう少しくわしく説明しましょう。

従業員に給与を支払う場合、会社はその支払いの際、所得税を差し引いて(※1)、支払います。図表4−1のように、40万円の給料(月給)を支払う場合、人事担当者は、「給与所得の源泉徴収税額表(月額表)」という表をもとに、その従業員の扶養親族等の数に応じた源泉所得税額を求めます。そして、たとえば2万円の所得税を源泉徴収する必要があれば、その金額を差し引いて38万円を支払います。

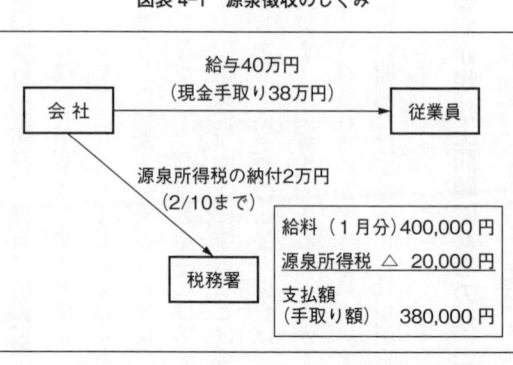

会社が従業員の給与から源泉徴収した所得税は、会社がいったん預かりますが、原則として源泉徴収した月の翌月10日までに、税務署に納付します。(※2)

この趣旨は、個人の所得税はその個人の1年間の所得に対して課税されるものですが、1年分の所得税を1度に支払うのは大変なので、所得が発生する都度、それに応じた金額を前払いしておこうというわけです。(※3)

会社の立場から見ると、本来は、従業員が税務署に納付すべき所得税を従業員からいったん預かり、さらに、それを従業員に代わって税務署に納付する手続きまでしてあげているということになります。

図表4-1 源泉徴収のしくみ

```
              給与40万円
           (現金手取り38万円)
  会 社 ─────────────────→ 従業員
    │
    │ 源泉所得税の納付2万円
    │   (2/10まで)
    ↓
  税務署
```

給料（1月分）	400,000 円
源泉所得税	△ 20,000 円
支払額（手取り額）	380,000 円

※1 これをよく「給与天引きする」や、「源泉徴収する」といったりします。

※2 通常は、さらに、その従業員の住所の市役所から送られてきた住民税の金額や社会保険料や労働保険料の本人負担分などを源泉徴収しますので、手取額はもっと少なくなります。
なお、所得税の源泉徴収税額はその月の給料の額に応じて決まるのに対し、住民税の源泉徴収税額は、前年度の所得に応じて決められます。

※3 12月の最後の給与が支払われると、従業員の1年間の所得が確定し、「年末調整」という手続きを経て、所得税の税額が確定します。そして、会社は、通常、翌年1月末までに1年分の給与所得や源泉徴収税額などを記載した「源泉徴収票」を従業員に交付します。

ところで、会社がこの源泉徴収をきちんと行わなかった場合にはどうなるのでしょうか？

源泉徴収という手続き自体は、見方によっては、会社が従業員や税務署に代わってサービスで行っているのだといえなくもありませんが、サービスだからといって、この手続きはやってもやらなくてもいいというわけではありません。所得税法で給与の支払者である会社に義務づけられた、強制適用の手続きなのです。

このため、もし会社がこの手続きをきちんと行わなかった場合には、ペナルティーが課されます。前の例でいいますと、源泉徴収後の額38万円を支払わなければいけなかったのに、源泉徴収を忘れて40万円を支払ってしまったとすると、会社は、本来源泉徴収すべきだった2万円を税務署に納付し、さらにこれに加えてペナルティーが課されます。

さらに、この2万円は本来、従業員が負担すべきであった所得税ですから、会社は、税務署に納付した後、その金額を従業員から徴収しなければなりません。しかし、従業員からあらためて徴収することが難しいことも多いでしょう。場合によっては、従業員にはあらためて請求せず、会社がこの2万円を負担してしまうこともあるかもしれません。そうすると、今度はこの2万円はその従業員に対して、会社が給与を支払ったことになってしまい、この2万円に対する源泉徴収もしなければならなくなるので、大変面倒なことになってしまいます。

しかも、会社が源泉徴収の対象にしなければいけない支出、つまり従業員の給与となる支出というのは、必ずしも給料、賃金、手当、賞与や退職金だけとは限りません。従業員に関連する支出には、給料、賃金、賞与等として支給されているもの以外にも、従業員の食事代、記念品、レクリエーション費用、社宅賃借料などのさまざまな経済的利益があ

※4 このペナルティーを不納付加算税といいます。原則として納付すべきだった源泉徴収税額の10％（自主的に納付した場合は5％）が課されます。また、あわせて、納付までの期間に応じた延滞税も課されます（P.177頁参照）。

ります。

これらの中にも従業員の給与として源泉徴収の対象になる場合もありますので、注意が必要です。こうした支出は、福利厚生費や交際費など給与以外の勘定科目で経理処理してしまう場合があり、そういった場合は、どうしても源泉徴収せずに済ませてしまいがちです。

しかし、所得税を源泉徴収すべきなのにそれをせずに支給してしまうと、後で税務上の問題が生じることになりますから、とくに人事部員や総務部員は、どのような支出が従業員の給与にあたり、どのような支出が給与にはならないのかを、よく理解しておく必要があります（P.64「節税ポイント」参照）。

●節税ポイント
■期末賞与の支給の仕方を検討する

会社によっては、従業員のモチベーションを高めるため、従業員に対し、その期の業績に応じて、いわゆる期末賞与を支給することがあります。

期末賞与は、通常、期末日までの一定の日現在の在籍者に対して支給され、その期の業績を反映させて、期末までに支給されるか、または翌期の初め頃に支給されます。

期末に未払いとなる場合、たとえば、3月末に決算日を迎える会社では、翌期の4月に従業員に支給する予定の期末賞与を、決算で未払金として計上すべきか、それとも賞与引当金(※5)で計上すべきか迷うケースがあります。

この場合、会計上は、財務諸表の作成時に期末賞与の支給額が確定している場合に

※5　税務上は、引当金に繰り入れられるような不確定の費用は損金に算入できないのが大原則です（債務確定主義）。

このため、賞与引当金繰入額も見積もりに基づいて計上され、債務が確定した費用とはいえませんので、損金算入できません。

第4章 従業員の給与、福利厚生などの処理

は未払金として計上し、そうでない場合は賞与引当金として計上します。会計の考え方では、支給額の総額が確定していれば未払金として計上します。

しかし、税務上はこれよりももう少し厳密で、その未払いの期末賞与を当期に損金算入するためには、次の3つの条件をすべて満たしていることが必要です。

① 賞与支給額が従業員別に確定しており、さらにその支給額を各人毎に期末までに通知していること
② 決算期末から1カ月以内に、従業員全員に実際に通知通りに支給すること
③ 支給額をその期の費用として損金経理すること

したがって、税務上、損金算入しようと考える場合には、支給の仕方に気をつける必要があります。

また、後日の税務調査に備えて、期末賞与を損金算入する場合には、期末までに各従業員に賞与支給額を通知した通知書の控えを保存しておくとよいでしょう。

■従業員の退職金はすべて損金になる

いわゆる退職金には、退職一時金、退職年金、死亡退職金などがありますが、これらはいずれも長期間会社に勤務した結果として支払われるものです。

従業員の退職金関連の費用は、端的にいえば、退職一時金や退職年金、外部積立の退職年金の掛金など、その年度に会社が実際に支払った金額を損金に算入することができます。（※6）

一方、会計上は、企業年金と退職一時金等の制度に関して当期に発生した費用として、

※6 ただし、退職金として処理するには、その従業員が実際に退職した事実に基づいて支払われる必要があります。退職の事実に基づいて支払われない場合は、税務上は賞与として取り扱われます。この場合、それを受け取った従業員の所得税の計算上、退職所得ではなく給与所得となるため、税額が多くなります。

退職給付費用が計上されます。これは税務上損金算入される金額（その期に会社が実際に支払った金額）とは直ちには結びつかず、税務上、退職給付費用の額をそのまま損金算入することはできません。

法人税を計算する際の所得計算は、ごく大雑把にいえば、税務上、いったん退職給付費用を加算調整したうえで、会社が実際にその年に支払った金額が損金に算入されるように税務調整をすることになります。

● 節税ポイント
■ 退職金は所得税の計算上優遇されている

退職金は、退職の際に、退職金規程に基づいて在職年数に応じて計算した金額を支払われるのが通常です。

ところで、もし従業員の在職中に、いずれは支払われる退職金なのだからと、それまでの在職年数分の退職金をいったん精算することにして従業員に支払ってしまった場合（退職金規程の改正などに基づくものではないものとします）、その退職金は税務上どのように取り扱われるのでしょうか？

この場合、その従業員は実際に退職したわけではないので、退職金ではなく、賞与として取り扱われます。支払った側の会社としては、退職金でも賞与でも、法人税の計算上は損金に算入できますが、賞与と退職金とでは、源泉徴収する金額が違います。

（賞与の方が金額が大きくなります）。

また、それを受け取った従業員の側も、源泉徴収される所得税の額は賞与として取

※7 退職給付費用は、退職給付引当金に繰り入れられる費用です。退職給付費用も、一定の予想のもとに算定した費用であって、債務が確定した費用ではありませんので、損金に算入することはできません。

■従業員が役員に昇格した際に支払われる退職金

退職金が、所得税の計算上、退職金として取り扱われるためには、実際にその従業員が会社を退職した事実がなければなりません。

ところで、従業員が役員に昇格した場合、退職金規程に基づき退職一時金が支払われることがあります(※8)。この場合、従業員が役員になったからといって、会社に出勤しなくなるわけではなく、これまで通り毎日会社に出勤するのがふつうですから、本当に退職したとはいえないのではないか、と感じる方もいるかもしれません。

しかし、従業員と会社との間の関係は雇用契約に基づいているのに対し、役員と会社との間の関係は委任契約に基づいています。両者は全く性格が異なるものなので、役員に昇格したことによって従業員を退職し、退職金規程等に基づいて退職一時金が支払われた場合には、これを税務上も退職金として取り扱うことができます(※9)。

退職金は、従業員の期間と役員の期間を通算して、役員を退任する時に支払うケースもありますが、早い時点で損金算入することができるという点では、従業員の退職時(役員の就任時)に退職金を支払ったほうが節税になります。

※8 このような退職金の支払い方を退職金の「打ち切り支給」ということがあります。

※9 従業員の身分であっても、税務上の役員(P.44頁参照)に該当する場合は、役員に昇格した際に退職金を支払っても、税務上は退職金ではなく役員賞与として取り扱われ、損金不算入になりますので、注意が必要です。

他方、最近は、役員待遇の執行役員に昇格した際に退職し、退職金が支払われるケースもあります。委任契約に基づく執行役員は、税法上の役員に該当しなければ、やはり雇用契約に基づく従業員とは異なる身分ですので、このため、この退職金は税務上も退職金として、損金算入されます。

2 福利厚生費は従業員のモチベーションをアップさせるための費用

会社発展の原動力は、従業員の働く意欲＝モチベーションです。そこで、会社は従業員のモチベーションをアップするために種々の費用を支出します。広い意味での福利厚生費とは、こうした費用をすべて含めた費用です。これは**図表4－2**のとおり法定福利費と法定外の福利厚生費とに分けることができます。

福利厚生費は、法定外の福利厚生費も含めるとかなり広い分野にわたって支出されており、会計上の勘定科目としても、「福利厚生費」だけではなく、さまざまな科目に分けて処理されます。(※10)

■福利厚生費とは

法定福利費とは、法律によって会社が負担することを義務づけられている社会保険料等をいいます。社会保険料のうち健康保険料、介護保険料、厚生年金保険料、労働保険料のうち雇用保険料については、従業員と会社が分担して支払いますが、この会社負担分が法定福利費に該当します。法定福利費の種類等をまとめたものが**図表4－3**です。また、社会保険料等の仕訳処理は**図表4－4**の通りです。

法定福利費は、法人税の計算上、次のように扱われます。

① 社会保険料

社会保険料は当月分の保険料を翌月末までに納付します。会社負担分の当月分の社会保

※10 福利厚生関係の処理科目

科　目	内　容
前払費用	借上社宅前払地代・家賃等
貸付金	住宅貸付金の低利貸付等
固定資産	体育館、社宅等
投資	借上社宅敷金等
繰延資産	借上社宅権利金等
売上値引	商品の社員値引販売等
厚生費	慶弔費、永年勤続表彰費用等
光熱費	社員寮の水道光熱費等
消耗品費	制服の支給・貸与等
交通費	通勤補助費等
保険料	従業員向け団体保険の保険料

図表4-2　広義の福利厚生費の区分

福利厚生費
- 法定福利費 — 社会保険料の会社負担分など
- 法定外の福利厚生費
  - ①職場の生活環境向上のための費用
  - ②職場の人間関係の緊密化のための費用
  - ③従業員の慶弔に伴って支出する費用
  - ④職場外の生活環境の向上のための費用

図表 4-3　法定福利費の種類

種類		保険の内容	保険料負担者
社会保険	健康保険料	公的な医療保険	会社と従業員が折半
	介護保険料	要介護状態となった場合にサービスを受けるための公的保険。満40歳以上の者が被保険者	
	厚生年金保険料	民間企業の従業員が加入する公的年金	
	児童手当拠出金	事業手当の財源として事業主に課せられている拠出金	会社が全額負担
労働保険	雇用保険料	労働者が失業した場合の給付等を行う公的保険	会社と従業員が所定の割合を負担
	労災保険料	労働者が業務上災害や通勤災害にあった場合に給付を行う公的保険	会社が全額負担

図表 4-4　社会保険料等の仕訳処理

(1) 社会保険料の仕訳処理
　次の2つの方法があります。
① 確定時（毎月末）に計上する方法
　・保険料確定時
　　　（借方）法定福利費　×××　　　（貸方）未　払　金　×××
　・納付時
　　　（借方）未　払　金　×××　　　（貸方）現 金 預 金　×××
　　　　　　預 り 金　×××
② 納付時に計上する方法
　　　（借方）法定福利費　×××　　　（貸方）現 金 預 金　×××
　　　　　　預 り 金　×××
　①の仕訳は煩雑なため、実務では②の方法をとることが多いようですが、節税上は納付前に確定時に未払いをたてる①のほうが有利です。

(2) 労働保険料（雇用保険）の仕訳処理の場合
　次の2つの方法があります。
① 事業主負担分を各月に按分し、確定した給与については、その金額に基づいて前払費用を計上する方法
　・給与支給時
　　　（借方）法定福利費　×××　　　（貸方）未　払　金　×××
　・概算保険料支払い時
　　　（借方）未払金(注1)　×××　　（貸方）現 金 預 金　×××
　　　　　　前払費用(注2)　×××
　　　　　　預 り 金　×××
　　　　　　立 替 金　×××
　　（注1）納付時までに計上した事業主負担分
　　（注2）以後、各月末に法定福利費へ振替
② 納付時に一括損金処理する方法
　　　（借方）法定福利費　×××　　　（貸方）現 金 預 金　×××
　　　　　　預 り 金　×××
　　　　　　立 替 金　×××
　①の処理は毎月末に振替の手間がかかりますが、②の場合は特別の処理をする必要もなく簡便です。

険料は、当月末日に確定しますので、決算時には、未納付の決算月分の社会保険料を未払計上し、未払計上した決算月分も含めて全額が損金算入されます。

② 労働保険料

労働保険料は、4月〜3月を1年度として、7月10日までに1年分の保険料を概算で申告、納付（前払い）をし、翌年度に確定した保険料との差額を申告、精算することになっています。

法人税の計算上、概算保険料はその申告日または納付日に損金に算入されます。また、確定保険料に不足額がある場合には、原則としてその不足額は申告日または納付日に損金に算入され、過納額がある場合には、その過納額は申告日または納付日に益金に算入されます。

■ 法定外の福利厚生費とは

法定外の福利厚生費には、次のようなものがあります。

① 職場の生活環境の向上のための費用

食堂、休憩室、医務室、保養所、運動場、社宅、独身寮などの施設に関する費用、残業・宿日直をした従業員に対する食事代の補助等がこれに当たります。

② 職場の人間関係の緊密化のための費用

忘年会や新年会などの宴会費用、文化サークルへの補助金、運動会、文化祭、マラソン大会、親睦旅行の費用、社内報の発行費用などです。

③ 従業員の慶弔に伴って支出する費用

見舞金、結婚祝、出産祝、永年勤続表彰費用、香典、発明・提案などに対する報奨金・表彰金などの費用です。

3 法定外の福利厚生費は全従業員に一律に提供されることが必要

■法定外の福利厚生費の税務上の考え方は「全従業員が対象」

法定外の福利厚生費も、原則的には、従業員に関連する費用として損金算入されます。

しかし、その性格によっては、従業員の給与に該当するもの（損金算入されます）や交際費に該当するもの（原則として損金算入できません）もありますので、注意が必要です。

たとえば、社内で開催される創立記念式や新築社屋落成式などの行事に支出される費用は、会計面からみれば福利厚生費です。

ところが、税務上は、福利厚生費として処理されるものは、従業員に一律に振る舞われる常識的な範囲の飲み食いの費用や、従業員やOBに支給される記念品などのように、もう少し限定されます。

税務上の福利厚生費に該当するための基本的な考え方は、①全従業員が一律に対象となっていること、②その内容・金額等が常識的な範囲であることの二点です。

これらの考え方に合わないもの、たとえば、特定の幹部社員や役員にだけ高額の高級腕時計を記念品として支給すれば、支給を受けた者に対する給与、あるいは交際費として損金不算入となり、税務上の福利厚生費とすることはできないでしょう。

また、前述の行事でいえば、それが社内で開催された従業員を対象とする行事であって

④ 職場外の生活環境の向上のための費用

会社が負担する人間ドックの費用の補助、社宅家賃補助、資格の取得費用の補助、従業員に取扱商品を値引販売したときの負担などが該当します。

も、酒類を伴った会ということになれば、福利厚生のためというよりも、接待・供応の性格が強いとして交際費とされる可能性もあります。さらに、創立記念式等で、おおむね社内の従業員全員に一律に供与される通常の飲食費用は福利厚生費となりますが、もし課長以上等の特定の幹部社員だけが参加するようなものになれば、それに要する費用は税務上、交際費として取り扱われることになります。福利厚生費、交際費給与の違いをまとめたものが図表4-5になります。

●節税ポイント

■金銭で支給するものは原則として給与になる

福利厚生の趣旨で通常の給与とは別に支払われるものであっても、それが金銭で支給される場合には、原則として福利厚生費ではなく給与となり、所得税の源泉徴収をする必要があります。

ただし、図表4-6に掲げるような場合は、金銭支給をしても所得税の源泉徴収をする必要はありません。

したがって、従業員の給与になるのか否かを明確にして、余計な税務トラブルが起きないように、慶弔見舞金規程や従業員表彰規程等を整備しておくとよいでしょう。

図表4-5　税務上の福利厚生費、交際費、給与の違い

支出の内容	福利厚生費	交際費	給与
何のために支出されるか	従業員（役員を含む場合も）の福利厚生のため	接待・供応などのため	従業員の役務の対価（給料・賃金・賞与、その他の経済的利益）
誰に対してどのようにいくら支給されるのか	従業員全員に対して一律に通常必要とされる額	得意先・仕入先・役員・従業員に対して必要な額	役員と従業員に対して必要な額
税務上の処理	損金算入	原則として損金不算入	使用人分は損金算入で源泉徴収が行なわれる

■現物給与も給与である

毎月、一定の日に支払われる賃金等を一般的に給料と呼んでいますが、税務上は金銭で支払われるものだけでなく、金銭以外の物または権利その他経済的利益（これを「現物給与」といいます）も含めます。

金銭で100万円を支払うのと、100万円の高級腕時計を支給するのとで、税務上どちらかが有利になったり不利になったりするのでは不公平ですから、この点は容易にご理

図表4-6　金銭で支給しても源泉徴収が不要なケース

項目	説明
慶弔見舞金規程に基づく見舞金など	慶弔見舞金規程に基づいて従業員や役員に支給する見舞金等で、常識的な金額の範囲内のものは、非課税所得とされていますので、源泉徴収は不要です。
発明・提案などに対する報奨金・表彰金など	その発明・提案等が従業員の通常の職務の範囲内である場合を除き、その従業員の給与所得ではなく、一時所得となるため、源泉徴収は不要です。受け取った従業員は、確定申告をすることになりますが、一時所得の金額は、（収入金額－必要経費－50万円）×1/2により計算されますので、報奨金等50万円を下回るような場合には所得が生じず、確定申告も必要ありません。

図表 4-7　非課税の現物給与

支出費用	内　容
①永年勤続表彰	勤続10年以上、表彰期間5年おきというような場合の記念品、旅行への招待等で社会通念上相当と考えられるもの（金銭支給は不可）。
②創業記念品	おおむね5年ごとに行なわれるもので、その処分見込額が1万円以下のもの
③値引販売	原価以上、売値のおおむね70％以上で、値引率は一定の基準に基づいており、通常の家庭で使う程度の量
④残業、日直をした人への食事	通常勤務以外の残業、日直に対するもの
⑤寄宿舎の電気料	電気、ガス、水道料は、通常必要額で、各人別の使用金額が明らかでない場合
⑥貸付金の利息	(a)病気・災害の場合貸付け、(b)一年間の利息が、5,000円以下の貸付け、(c)合理的な利率による貸付け
⑦レクリエーション費用	従業員等のレクリエーションのための運動会、演芸会、旅行、会食などの費用。ただし、不参加者に費用相当額を現金で渡す場合は、参加者分の費用も給与となることに注意
⑧食事費用	次の2条件を満たしている場合の会社負担額 (a)食事額の50％以上を個人が負担している（この場合の食事額は、社内調理の場合であれば直接材料費のみをいう）、(b)会社負担部分が月間3,500円以下
⑨社宅料	標準家賃の2分の1以上徴収している場合の会社負担額 標準家賃（月額） $= \left(\begin{array}{c}\text{家屋の固定}\\ \text{資産税の課}\\ \text{税標準額}\end{array}\right) \times \dfrac{2}{1,000} + \dfrac{12\text{円} \times \text{床面積}(m^2)}{3.3} + \left(\begin{array}{c}\text{敷地の固定}\\ \text{資産税の課}\\ \text{税標準額}\end{array}\right) \times \dfrac{2.2}{1,000}$

解いていただけると思います。

しかし、所得税法では、本来なら現物給与として課税の対象となるもののうち、

① 現金のように自由に処分できない
② 金額的にいくらであると評価することが困難である
③ 金額的に重要でない

などの理由で、福利厚生的なもののいくつかについては、所得税の非課税となります。

この場合、会社としては源泉徴収をする必要もありません。

その主なものを挙げると、**図表4−7**のとおりです。

●節税ポイント
■福利厚生費と交際費を区分する3つの判断基準

税務上の福利厚生費と交際費の区分は重要ですが、その判断の基準は次の三つによって行ないます。そして、3つの判断基準に基づいてすべて福利厚生費に該当すれば税務上の福利厚生費となりますが、一つでも条件を満たさないときは交際費となります。**(図表4−8)**。

① 何のために支出されたか

支出目的が従業員の福利厚生のためか、接待・供応のためかで判断しようというものです。

もっとも、一つの支出が、福利厚生のためのものであると同時に、接待・供応のためのものであることもよくあります。そのときは、会社としてその支出

図表4-8　福利厚生費と交際費の区分

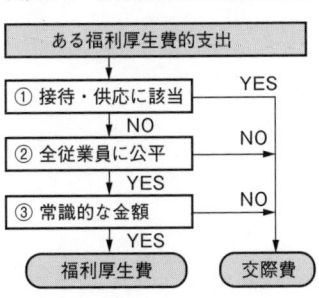

```
        ある福利厚生的支出
              ↓
        ①接待・供応に該当  ──YES──┐
              ↓ NO                    │
        ②全従業員に公平  ───NO───┤
              ↓ YES                   │
        ③常識的な金額  ────NO───┤
              ↓ YES                   ↓
           福利厚生費              交際費
```

をどう性格づけているかがポイントとなります。

基本的な考え方として、一般従業員に対して公平感のある取り組みをし、常識の範囲を超えて華美にならないようにすることが、福利厚生費か否かの重要なポイントになるでしょう。

② 誰に対して支出されたものか

すべての従業員のために公平に支出される性格のものであれば、福利厚生費になります。これに対して、特定の従業員・役員のために支出されるものは、交際費的な支出であるといえます。また、この特定の従業員・役員等への支出である交際費のうち、個人的に金額が把握できるものは、個人への給与ということになります。

③ いくら支出されたか

支出額が福利厚生のために通常必要と思われる額であるかどうかも判断基準の一つです。要するに支出額が常識の範囲内であるかどうかの判定で、常識的な金額でないということになれば交際費となります。

■人事・総務等と経理が連携して的確に処理する

税務上の福利厚生費と交際費、給与は、その接点できわめて判定がむずかしいという問題があります。この点については、税務調査の段階で急に理由づけをしようとしても間に合うものではありません。常日頃から福利厚生を担当している人事部・総務部と経理部とが緊密な連携をとって、法人税および所得税の両方を理解したうえで、従業員・役員の個人の給与所得に影響しないように処理することが大切です。

第5章 関係会社との人事交流の処理

1 出向者に支払う給与には注意がいる

■関係会社との人事交流には出向と転籍がある

社員の人事異動は、社内だけでなく、他の会社との間で行われることもあります。「出向」(※1)とか「転籍」などと呼ばれるものですが、関係会社間で行われる出向です。これは、税務上、特に問題となるのは、親子会社間や兄弟会社など、関係会社間での人事異動の場合は、人件費の負担の仕方を調整することによって利益を調整することが可能となるため、税務上も人件費の負担の仕方について合理性が求められるのだと考えられます。

■出向元と出向先の間で寄附金の問題が生じることがある

出向・転籍に関する税務上の考え方には、次のような大原則があります。

> 出向者の人件費は、出向先が負担する。

これは、出向者は出向先で労働しているわけですから当然のことです。この原則に反する形で不用意に出向者の給与の負担を行うと、出向元と出向先との間で寄附金課税の問題が生じることもあります。

※1 「出向」とは、社員が出向元の会社に在籍したまま、出向先の他の会社の業務に従事することをいい、「在籍出向」と呼ぶこともあります。他方、「転籍」とは、転籍先の会社との間に労働契約を成立させるもので、「転籍出向」と呼ぶこともあります。

広い意味での「出向」という場合は、在籍出向と転籍出向の両方を含んだ意味で用いられることもあります。

在籍出向と転籍出向のちがいは、前者は出向元と出向先の両方との間に雇用契約が成立するものに対して、後者は転籍元の会社には籍を残さず、転籍先にのみ雇用契約を成立させるものです（**図表5－1**）。

ある会社（X社）は、社員（給与100万円）を子会社（出資割合51％）に出向させることにしましたが、その際、その社員の給与100万円は全額、出向先の子会社が本人に支払うことにし、その代わり、X社から子会社に対して100万円を支払うことにしたとします（図表5-2）。

図表5-2

X社 →100万円支払→ 子会社
子会社で勤務（出向）
給与100万円支払
出向社員

X社が子会社に対して実質的に100万円の寄附をしているのと同じなのはお分かりでしょうか？　出向者はX社の子会社で働いているのですから、その給与は子会社が負担するのが当然です。ですから、出向元であるX社が子会社に対して100万円を支払う理由がありません。ということは、X社は、子会社に対して支払う必要のないものを支払っているのですから、税務上は、その100万円はX社から子会社に対する寄附金ということになります。寄附金として取り扱われると、損金算入限度額を超える金額は損金不算入となり、課税されることになります。人件費の場合、税務調査で税務署に指摘を受けると、追徴される税額が多額になりがちですので、注意する必要があります。

■出向者給与の精算はいろいろな方法がある

出向先としては、労働の対価として妥当な金額を負担すればよく、その負担額は合理的な考え方に基づいていれば、必ずしも一つの方法だけとは限りません。

図表5-1　出向と転籍

（出向）
出向元の会社 — 出向先の会社
雇用契約　　　雇用契約
出向社員

（転籍）
転籍元の会社 × 転籍先の会社
雇用契約なし　　雇用契約
転籍社員

※2　ここでご説明しているのは、子会社の出資割合が100％以外の場合です。子会社の出資割合が100％の場合には、グループ法人税制の適用を受けます（P.187頁参照）。この場合、親会社から子会社への寄附金は、親会社では、全額が損金不算入となり、子

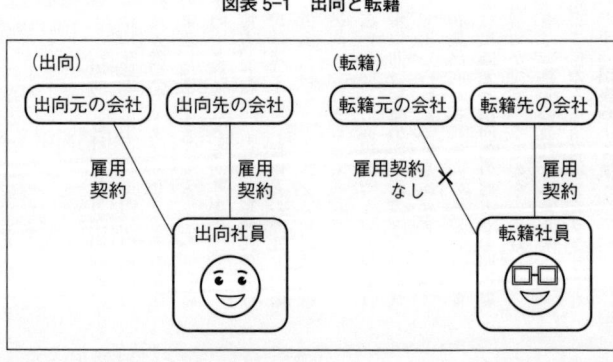

第5章 関係会社との人事交流の処理

出向の場合、出向者に給与を支払うのは、出向元の会社である場合もあれば、出向先の会社の場合もあります。しかし、比較的一般的なやり方は、親会社（出向元）から子会社（出向先）への出向を例にとると、親会社が出向者に給与を支払い、子会社が出向元に負担金を支払うケースです。

この場合、親会社（出向元）が出向者に給与を支払っていますが、最終的には、その給与は出向先である子会社が負担する必要があります。つまり、子会社は親会社に給与相当額を返さなければなりません（これを戻入（れいにゅう）といいます）。

図表5-3

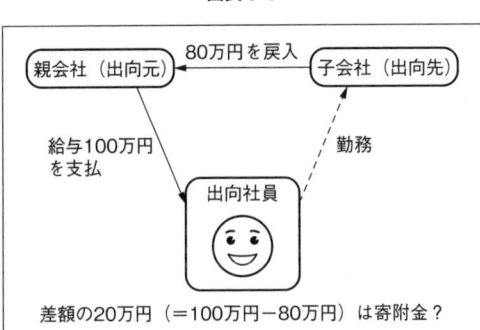

```
親会社（出向元） ←80万円を戻入─ 子会社（出向先）
     │                              ╎
給与100万円                        勤務
を支払                               ╎
     └──────→ 出向社員 ←──────┘
                😊
     差額の20万円（＝100万円－80万円）は寄附金？
```

そして、戻入する金額は合理的な考え方に基づいていればいいのです。たとえば、一つの方法として、親会社がその社員に支払っている給与の全額（給与）を戻入することが考えられます。または、子会社自身の給与規程に基づいてその社員に支払うべき金額（給与80万円）を親会社に戻入する方法でも構いません（図表5-3）。

この後者の場合、通常は親会社の給与水準のほうが子会社の給与水準よりも高いことが多いので、親会社が実質的に負担する金額が生じることになってしまいます。

税務では、この差額部分のことを給与較差補てん金といい、親会社が子会社の給与条件の較差を補てんするものとして取り扱われます（消費税は不課税として取り扱われます）。

※3 子会社が親会社に支払う名目が「経営指導料」、「事務代行料」、「事務委託費」等といった人件費以外の名目で支払われていても、実質的な内容が給与の戻入であれば、出向先法人における給与の戻入として取り扱われます（消費税は不課税として取り扱われます）。

※4 それでは、親会社（出向元）の支給額より子会社（出向先）の戻入額が大きい場合は、どのように取り扱われるのでしょうか？

この場合は、出向先の会社が出向元の会社に戻入する金額の一部は、最終的に出向者に対する給与にはなっていないことに注目する必要があります。

もし、子会社からの戻入額が親会社の支給額よりも大きい金額になっている理由が、たとえば出向者が特殊な技術を持っていて、その技術指導料として支払われているというような事情があるのであれば、その差額部分は給与ではなく技術指導の対価として支払われているものと考えることが可能かもしれません。

図表5-4

出向契約で出向期間、負担金等を決めておく

親会社（出向元）　←戻入←　子会社（出向先）

給与支払　　出向先の役員　　株主総会等で役員給与の支払を決議

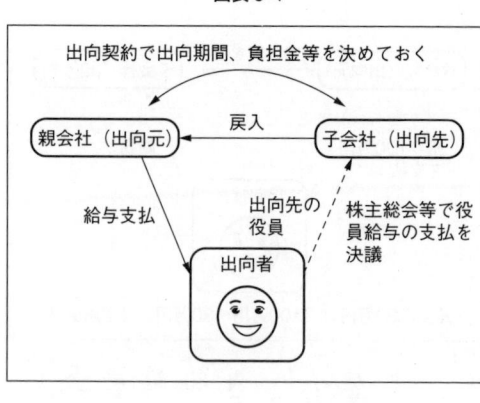

出向者

■出向者の出向先での身分が役員の場合の給与の取り扱い

出向先での身分が役員の場合は、従業員の場合と異なり、役員給与として取り扱われます。したがって、定期同額給与等（P.46参照）の損金算入の規定に該当しなければ、出向先の会社では損金算入することができません。

特に注意が必要なのは、出向元が出向者に給与を支払い、出向先が出向元に負担金を戻入するケースです（図表5－4）。親会社（出向元）から子会社（出向先）への出向を例にとって、具体的に考えてみましょう。

出向元である親会社が出向者に給与を支払う場合、その出向者の身分は出向元では従業員ですが、出向先では役員です。このため、子会社から親会社に対し、毎月同額の100万円の負担金を戻入しているのであれば、定期同額給与として子会社で損金算入することが認められます。一方、半年ごとに300万円ずつ戻入していれば、事前確定届出給与の届出（※6）をしなければ、損金算入できません。

るものと考えて、親会社で損金算入することを認めていますので、寄附金とはなりません（※4）。

しかし、何も合理的な理由がない場合には、その差額部分は出向先から出向元への寄附金として認定される可能性がありますので、注意が必要です。

※5　子会社が出向者に直接給与を支払い、親会社が出向先に対し、給与較差分を支払う場合は、出向先の会社が直接、出向者に給与を支払っていますので、出向者としての位置づけが明確です。出向先の会社では、当然、定期同額給与や事前確定届出給与等の規定を満たす必要があります。

※6　この取扱いの前提条件として、税務上、次の二つの条件を満たすことが求められています。
①その出向者に係る給与負担金について、出向先の会社の株主総会等でその役員（出向者）に対する給与として決議されていること
②出向契約等で、その出向者の出向期間および給与負担金の額があらかじめ定められていること

■出向元が出向者の給与を全額負担することは認められるか

前述のとおり、出向者の給与は、出向者から労務の提供を受けている出向先が負担すべきものですが、どのような事情があっても、出向元が出向者の給与を負担することは認められないのでしょうか？

専ら出向元の都合により従業員を出向させ、しかも、それを受け入れた出向先は、受け入れても何の利益もないような場合には、寄附金の課税問題は生じず、出向元の会社はその出向者の給与を損金算入することができると考えられます。このようなケースには、下請会社に対して、下請製品の検査、検量、生産・加工の業務監督等のために出向元が社員を出向させている場合などがあります。

■転籍の場合の給与の取り扱い

転籍の場合、転籍元の会社が転籍後にも給与較差補てんを続けるというケースは出向の場合と比べてあまり多くはないと考えられます。しかし、転籍も本人の意思によらない人事異動の一環ですから、転籍後の給与条件が下がるのであれば、転籍に関する従業員の同意が得られず、転籍そのものがスムースに実現しないことも予想されます。このため、転籍を実現させるための条件として給与較差の補てんをする場合など、転籍元の会社が、転籍にあたって給与較差補てん金の支払いをする妥当性が認められる場合には、その給与較差補てん金は転籍元の会社で給与として損金算入することが認められます。

したがって、このような場合には、その転籍の経緯、補てんの必要性等について、社内稟議書等に詳細に記録しておくのがよいでしょう。

2 出向者に支払う退職給与も戻入が必要

■出向先は出向者に対する退職給与を負担する必要がある

出向者に対する出向期間中の退職給与の額は、原則として出向先の会社が負担すべきものです（※7）。これは、退職給与も右記で採り上げた通常の給与も、出向者の労務の対価という点では同じですから、当然のことといえます。

出向してから数年後にその出向先に転籍する場合とか、出向してそのまま退職を迎える場合等のケースでは、出向期間の終わりに出向元から出向者に対し退職給与が支払われるため、出向先としては、そのうち出向期間分に相当する金額を負担する必要があります。

また、こうしたケースに限らず、出向者が出向元に帰る場合であっても、出向元が将来その出向者に支払う退職給与が、その出向期間分を算定の基礎に含めているのであれば、出向先の会社は出向元の会社に対して、出向期間分に相当する金額を負担して戻入する必要があります（※8）。

●節税ポイント

■退職給与の負担金の支払方法はいくつかある

出向先の会社が、出向元の会社に対して、出向期間中の出向者の退職給与を負担する方法としては、以下のような方法があります。

① 出向期間中、毎期または毎月等、定期的に出向先から出向元に対して、精算する方

※7　合理的な理由なく、出向先の会社が負担をしない場合は、出向元の会社が、本来は出向先が負担すべき金額を肩代わりしたと考えられますから、出向元から出向先に対する寄附金の支出をしたものと見なされる可能性があります。

しかし、たとえば親会社が経営危機に陥った子会社の業務を監督するために従業員をその子会社に出向させるなど親会社の一方的な都合による派遣や出向期間が比較的な短期間である場合など、何らかの合理的な理由によって出向先が退職給与を負担しない場合には、親会社から子会社に対する寄附金とはなりません。

※8　出向者の出向期間分に相当する金額は具体的にはどのように計算すればいいのでしょうか？

この点、たとえば、退職給与規程に基づき、その出向期間における退職給与の要支給額の増加額をベースに算定するのが合理的だと考えられます。

② 出向期間の終了時（出向元への復帰時）に精算する方法

③ 後日、出向者が退職して、実際に退職金を支給する時点で、出向先から出向元に出向期間に対応する金額を精算する方法

①の方法によって精算するようにすれば、出向先の会社は、出向者の退職給与を早期に損金算入できます（なお、退職給与の負担金の支払いを受けた出向元は、その負担金を益金算入します）。毎期精算のためには次の２つの要件を満たすことが必要ですので、出向契約の締結にあたっては、この点の検討が節税になります。

(a) 出向契約書で、出向元と出向先との間の負担方法があらかじめ明確に取り決められていること

(b) 出向期間に対応する退職給与の負担金の額が合理的な方法でされていること

第6章 交際費などの販売費の処理

1 交際費は損金不算入

■交際費を使うと税金が増える

販売活動を展開するためには、人件費、旅費、交通費、通信費等多くの費用がかかります。交際費は得意先との付き合いをしていくうえで支出する接待費等の費用です。

交際費は、かつてのいわゆる「社用族」が会社の金で遊び歩き、ムダ遣いをしていたのを抑制し（冗費・濫費の抑制）、それによって会社の財務体質の強化（資本蓄積）を進めていこうという観点から、昭和29年に当初は3年間だけの時限措置として設けられました。そして、それ以来3年ごとに期限を延長し、少しずつ内容を変えながら今に至っており、制度としてはすっかり定着した感があります。

法人税を計算するときには、交際費の額は基本的には損金になりません。「基本的には」というのは、小さな会社の場合には、一定の金額までは損金算入できるからです。

すなわち、資本金が1億円以下の会社の場合は、交際費の支出額の90％相当額が損金算入できます。ただし、損金算入の対象となる交際費は、600万円が上限です。つまり、交際費の額が400万円なら400万円×90％＝360万円を損金算入でき、交際費の額

※1 交際費の損金不算入額は会社の規模（資本金の額）に応じて次のように定められています。

資本金の額	損金不算入額
1億円超	交際費の全額が損金不算入。
1億円以下（注1）	定額控除限度額（600万円（注2））に達するまでの金額の90％は損金算入できます。損金算入額を超える金額は損金不算入。

（注1）ただし、資本金が1億円以下であっても、資本金の額が5億円以上の法人の100％子会社等は資本金1億円超の会社と同じ取扱いとなります。
（注2）当期の月数が12カ月の場合

図表6-1　交際費を支出すると税金がかかる（資本金1億円超の会社の場合）

■会社A	■会社B
売上高　100万円	売上高　100万円
費　用　100万円（うち交際費0円）	費　用　100万円（うち交際費10万円）
利　益　　0万円	利　益　　0万円
所　得　　0万円	所　得　10万円（＝0万円＋10万円）
税　金　　0万円（＝0万円×40％）	税　金　　4万円（＝10万円×40％）

（注）会社Aは利益がゼロですから税金もゼロですが、会社Bは利益がゼロなのに費用の中に交際費が含まれているため、所得が10万円となり、税金が4万円（＝10万円×40％）発生しています。

が1,000万円なら600万円×90％＝540万円を損金算入することができます。

資本金が1億円を超える会社の場合は、交際費は全額損金不算入です。同じ1万円を使っても、交際費を使った場合には、他の費用の場合と異なり、税金がかかるのです。

資本金1億円超の大企業の場合であれば、10万円の交際費を使ったら、さらに4万円の税金を支払うことになるのだというイメージを持つとよいでしょう。交際費は他の費用に比べて「高くつく」という認識をする必要があります（図表6―1）。

■税務上の交際費は接待に係る費用だけではない

税務上の交際費は、社会常識のイメージである接待費とは必ずしも同じではありません。

また、交際費の損金不算入額の計算にあたっては、交際費という科目で計上されているものだけではなく、他の科目で処理している費用であっても、税務上の交際費にあてはまるものはすべて損金不算入の対象に含めることになっています。ですから、会議費や雑費等の交際費以外の科目で処理しているものの中に、税務上の交際費にあたるものがないかしっかり把握しなければなりません。逆に、交際

なお、前頁の表中、資本金の額が1億円以下の会社については、平成25年度税制改正により平成25年4月1日以後に開始する事業年度から800万円まで全額が損金算入できるようになりました。（800万円を超える部分は全額損金不算入）。（P.79参照）

（改正前）

損金算入割合 100%／90%　損金不算入（10％相当額）　損金不算入（全額）

損金算入（90％相当）

600万円（定額控除限度額）　交際費支出額

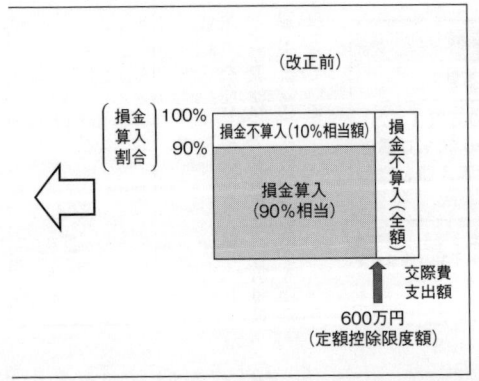

第6章　交際費などの販売費の処理

費で処理しているものの中に、交際費としないですまされるものが入っているのに気づかずにいると、税務当局は特にそれを除くようには言ってくれませんから、余分な税金を払う羽目になりかねません。

つまり、何が交際費で何が交際費でないのか、税務上の交際費の範囲をしっかり理解しておくことが節税という観点からも大切になってきます。

では、税務上の交際費とは何でしょうか？　税法では、交際費は「交際費、接待費、機密費その他の費用で、法人が、その得意先、仕入先その他事業に関係のある者等に対する接待、供応、慰安、贈答その他これらに類する行為のために支出するもの」と書かれており、その範囲は常識的な「交際費」の範囲よりも広く、たとえば接待飲食の費用などにとどまりません。

これだけでは分かりにくいので、もう少し噛みくだいて考えてみると、税務上の交際費になるものは、次の3つの基準をすべて満たすものということになります。

【交際費の3つの基準】

① 支出の相手方……得意先、仕入先その他事業に関係のある者（※2）であること。
② 支出の目的……事業関係者等との間の親睦の度を密にして取引関係の円滑な進行を図ることを目的としていること。
③ 行為の形態……接待、供応、慰安、贈答、その他これらに類する行為であること。（※3）

また、実務上は、たとえば得意先の接待をした場合に、接待そのものの支出だけではな

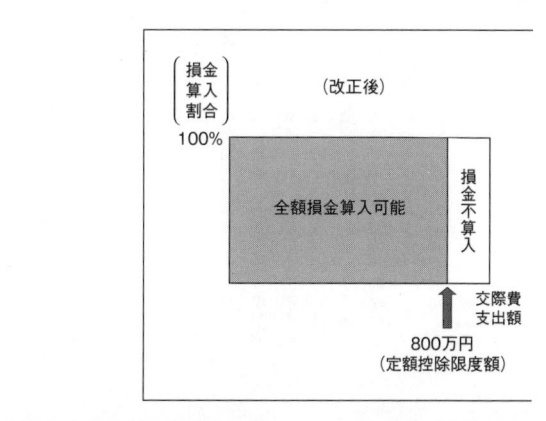

※2　「事業に関係のある者」には、取引先等だけでなく、当社の役員、従業員、株主等も含まれます。

※3　「接待」とはもてなすこと、また、「供応」とは酒食を供して他人をもてなすこと、「慰安」とは日頃の労をねぎらって楽しませること、「贈答」とは品物を贈ったり、お返ししたりすることをいいます。

（改正後）

損金算入割合
100%

全額損金算入可能

損金不算入

↑
交際費支出額
800万円
（定額控除限度額）

2 交際費の範囲

■交際費の範囲は必ずしも明確でない～交際費と会議費

何が交際費で何が交際費でないのかは大切なところですので、もう少し詳しく見ていくことにしましょう（図表6－2）。

たとえば、社内の会議室で取引先と打合せをしながら会食をし、軽くのどを潤す程度のビールが出されたとします。この場合、この昼食代は交際費になるでしょうか？　常識的には、いくらビールが出されたとはいっても、この場合は接待というよりも、打合せをすることに目的があったわけですから、交際費というよりは会議費のほうが適当なのではないか、という気がします。

実際、税法上も、「会議に関連して、茶菓、弁当その他これらに類する飲食物を供与するために通常要する費用」は交際費等から除外しますから、このケースでは交際費等ではなく、会議費で処理していいことになります。

く、それに関連して支出したものも交際費になることに注意する必要があります。接待をした場合に、飲食店での飲食代が交際費になるのは当然ですが、その飲食店までタクシーを使った場合や接待が終わった後に帰宅するためにタクシーを使った場合のタクシー代も、接待に関連する支出ですから、交際費に含めることになります。

また同様に、得意先と接待ゴルフをした場合に、ゴルフのプレー代が交際費になるのは当然として、その関連費用として、ゴルフバッグをゴルフ場に送る宅配便の費用なども交際費に含まれます。

※4　会議費で処理する「会議」には、通常、営業会議や企画会議、経営会議といった会議はもちろんのこと、株主総会や取締役会、来客との商談、打合せ等も含まれます。

※5　会議費で処理するためには、会議が行われた場所も重要です。たとえば居酒屋は、普通、会議を行う場所ではありませんから、居酒屋でお酒を飲みながら行われた「会議」は、客観的には、会議費で処理できるような通常の会議とはいえず、会議費で処理するのは難しいと考えられます。

他方、社外の場所であってもホテルの会議室を借りたりするのは問題ありませんし、近くの喫茶店などを利用するのも特に問題ないでしょう。

第6章 交際費などの販売費の処理

会議の際に茶菓、弁当などを出すこと自体は、見方によっては接待といえるかもしれません。しかし、冗費・濫費の抑制という交際費課税の目的に照らせば、会議、打合せ等の際に提供される茶菓、弁当等の費用は、税制が想定しているムダ遣いとは異なるものと考えられますから、交際費から除いても構わないというわけです。

ただし、ここで気を付けなければならないのは、会議費として処理するためには、実際に会議を行う必要があります。飲み食いをしたとしても、あくまでも会議の付随的な位置づけでなければなりません。このため、会議費として処理するためには、本当に会議や打

図表6-2 交際費に該当するもの、しないもの

項目	交際費に該当するもの	交際費に該当しないもの
飲食費に関連するもの	・1人あたり5,000円を超える飲食費 ・飲食店までの交通費 ・接待後の帰宅のためのタクシー代	・接待を受ける場合の飲食店までの交通費
ゴルフに関連するもの	・ゴルフプレー代 ・ゴルフ場利用税 ・ゴルフクラブの年会費 ・ロッカー使用料 ・ゴルフバッグの送料	
贈答に関連するもの	・お歳暮 ・お中元	・カレンダー、手帳、扇子、うちわ等
会議に関連するもの	・宴会費用	・会議で出される昼食程度の飲食代
福利厚生に関連するもの	・社内ゴルフコンペ費用 ・一部の役員、社員だけが参加する慰労会費用 ・得意先、仕入先への慶弔見舞金	・従業員の全員が参加できる社内イベント費用（忘年会・新年会、社員旅行、ボウリング大会等） ・慶弔見舞金規程に基づく従業員等への見舞金
会費に関連するもの	・ライオンズクラブ等の会費	・同業者団体の通常会費 ・法人会や商工会議所の会費

仮払いの交際費と未払いの交際費など

交際費は、実際に接待、慰安、贈答などの行為のあった日の事業年度の支出とされます。期末現在、仮払いになっている交際費や未払いになっている交際費がある場合は、次のように取扱います。

・仮払いの交際費
期末までに接待等が終わっていれば、当期の申告書上で、その仮払金額も交際費に加算して損金不算入額を計算します。

・未払いの交際費
期末までに接待等が終わっていれば、たとえ請求が翌期になる場合であっても、また、その飲食代が会計上、未払金として計上されているかどうかにかかわらず、当期の申告ではその金額も含めて損金不算入額を計算します。

・資産の取得価額に含まれている交際費
会社が支出した交際費が棚卸資

●節税ポイント

■会議費であることを証明するための証拠資料

経費支払精算書や業務記録や議事録等に、誰が出席した、どのような目的の会議なのか、どんな来客があってどんな打合せをしたのか、フォーマットを作るなどして、その都度、記録を残しておくとよいでしょう。

こうして交際費でないことを説明（立証）できるようにしておくことが、節税にもつながります。

証明する内容	証拠書類
会議が行われたこと	・会議の出席者、内容、行われた場所、支出の内容等を帳簿の摘要欄に記載・会議の議事録を作成・保管
会議に出された弁当等の金額が通常要する範囲内であること	・会議の種類や参加者の地位等に応じた社内のガイドライン（金額基準）をあらかじめ設けておく

■1人あたり5,000円以下の接待費は交際費として課税されない（非課税の接待交際費）

取引先等を接待して飲み食いをした場合でも、その飲食代が1人当たり5,000円以下の場合は、税務上の交際費には含めないことになっています。

これは平成18年度の税制改正で設けられた取扱いですが、実務上は、それ以前から、一定の金額（たとえば3,000円）以下の飲食費は会議費等として経理し、交際費には含

産や固定資産の取得価額に含められることがあります。この交際費も損金不算入額の計算の対象となります。そして、損金にしていないものをさらに加算することになるため、申告書上で、損金不算入額のうち原価算入交際費相当額を減算調整します。

合せをしたのだということを説明できるようにしておく必要があります。

めないというような取扱いが比較的一般に行われていたようです。というのは、たとえば喫茶店でコーヒー代を支払った時に、コーヒー1杯で取引先を「接待・供応」をしたというのは少々大げさですし、そもそも交際費課税の趣旨を「冗費・濫費の防止」にあるので、コーヒー1杯の支出を交際費に含めることは制度の趣旨にも合いません。

そして、いくら以上の金額なら交際費にしなければならないのか、逆に言えば、いくら以下の飲食費なら交際費にしなくてよいのか、その線引きの基準は、それまで国税側からは示されていませんでした。平成18年度の改正で、「参加者1人当たり5,000円以下であれば、その飲食費は交際費課税の対象にしない」という金額基準が法令で定められました。

この取扱いを受けることができる飲食代には、いくつかの条件があります（図表6－3）。

さらに、この交際費の非課税の規定の適用を受けるためには、その飲食代が上記の条件を満たしていることを証明するため、一定の書類を保存しなければならないことになっています（※6）。できれば、交際費の社内精算書等のフォーマットを定めておくのが望ましいでしょう。

ところで、税務上、上記の交際費の非課税の取扱いを受ける支出については「交際費」ではなく「会議費」という科目を使っている会社もありますが、税務上の交際費から除外されるからといって、「交際費」という科目を使って経理処理してはいけないというわけではありません。むしろ、費用の性格としては交際費であることには変わりはないのですから、「交際費」という科目を使って経理する方が正しいと考えられます。その場合は、補助科目を使うなどして交際費課税の対象外となる金額を集計できるようにしておき、法

※6　「一定の書類」とは、次の事項を記載した書類です。
① 飲食等のあった年月日
② 飲食等に参加した得意先、仕入先その他事業に関係のある者等の氏名、名称およびその関係
③ 飲食等に参加した者の数
④ その費用の金額並びにその飲食店等の名称および所在地
⑤ その他参考となるべき事項

以上は法定の記載事項ですが、これ以外に、たとえば次のような項目を記載するのが比較的一般的です。

・支払った金額
・接待の相手の会社名
・その相手がどんな関係先か（得意先、仕入先など）
・相手方の出席者の氏名・人数（「○○部長○○ほか○名」など）
・当方の出席者の氏名・人数（全員）
・出席者の合計人数
・1人あたりの飲食費の額

図表6-3　交際費が非課税となる飲食代の条件

適用を受けるための条件	注　意　点
条件1　交際費に該当する飲食その他これに類する行為のために要する費用であること。	・対象になるのは飲食代ですから、取引先としたゴルフの費用や中元・お歳暮等の贈答品などは、この取扱いの適用はありません。 ・接待会場となる飲食店への送迎のためのタクシー代等も交際費等ですが、これは飲食代ではありませんので、この取扱いの適用はありません。
条件2　もっぱら会社の役員・従業員またはこれらの親族に対する接待等のために支出するものでないこと。	・この取扱いが想定しているのは、取引先等の接待ですから、社内の人間だけで飲み食いする費用は対象外です。 ・親会社の人と子会社の人との会食などは、対象になります。
条件3　1人当たり5,000円以下であること。	・1人当たり5,000円以下かどうかの計算を消費税抜きベースで計算するか、それとも消費税込みベースで計算するかは、会社が採用している消費税の経理方法（税抜経理方式か税込経理方式）に合わせます。規模の大きな会社の場合は、消費税抜きベースの場合が多いでしょう。 ・人数の水増しなどをするとペナルティー（重加算税）の対象になります。

■社内イベントの費用は交際費ではない（交際費と福利厚生費）

社長が総務部の社員たちを連れて飲み会を開き、大いに酒を飲み、その費用を会社の経費にしたとしましょう。さて、この飲み屋さんの費用は福利厚生費でいいでしょうか？

実は、この費用は福利厚生費ではなく、交際費になります。取引先を接待したわけではなく、社内の忘年会の費用ですから、交際費とするのはなんとなく違和感があるかもしれません。しかし、交際費の「その得意先、仕入先その他事業に関係のある者等に対する接待、供応、慰安、贈答その他これ

に人税の申告書上でその金額を明らかにして申告をすればよいのです。

らに類する行為のために支出するもの」という定義に当てはまってしまいます。なぜなら、「事業に関係のある者」には、役員や従業員も含むからです。つまり、交際費＝接待というイメージを持っていると、少し違和感のあるところかもしれません。

なお、もし仮に、社長が個人として行った忘年会の費用を会社に負担させたという見方ができるような場合には、その費用は交際費ではなく、参加者に対する実質的な給与の支払いと見なされる場合もあります。(※7)

しかし、「従業員に対する慰安」であっても、従業員全員が参加する運動会、ボウリング大会等の社内イベントの費用まで交際費にすることが求められているわけではありません。

税法上は、「専ら従業員の慰安のために行われる運動会、演芸会、旅行などに通常要する費用」は交際費に該当しないと明記されています。この場合、福利厚生費に該当するためのポイントは、そのイベントが従業員の全員が等しく参加する機会を与えられていることです。

それでは、こんなケースはどうでしょうか？　会社で、社員間のコミュニケーションを図るためにゴルフ大会を開催した。しかし、もともとゴルフをする社員が少なく、結局、参加者は従業員全体の10％ぐらいの頭数しかそろわなかった――。

税法上、どのくらいの割合の参加者がいれば福利厚生費になるのか明確な決まりはありませんが、この場合は福利厚生費にはならない可能性が高いでしょう。従業員全員に参加のチャンスがあったとしても、従業員全員を対象にしたイベントだとは言い難い面があるからです。ですから、人事部の担当者は、福利厚生事業を企画する時は、できる限り多く

※7　参加者に対する給与として取り扱われる場合には、法人税の計算上は給与として損金算入され（社長に対する給与は役員賞与として損金不算入）、交際費の損金不算入の取扱いは受けません。しかし、社長や従業員に対する給与について、会社は所得税の源泉徴収が必要となります（税務調査で指摘を受けた場合は会社が追徴され、ペナルティーとして不納付加算税が課されます）。

また、給与として取り扱われる場合には、消費税の取扱いも課税仕入れではなく、課税対象外取引の取扱いとなります。

（少なくとも半数以上）の従業員が参加できるようなイベントを企画することが節税の観点からも重要だといえます。

● 節税ポイント

■ 福利厚生費であることを証明するための証拠資料

福利厚生費であることを証明するための資料としては、次のようなものがあります。

証明する内容	証拠書類
従業員が誰でも機会均等に参加できるイベントであること	・実施計画書、稟議書 ・社内告知の控え

■ カレンダーや手帳を配っても交際費にはならない（交際費と広告宣伝費）

年末などに、取引先を回ってカレンダーや手帳などを配りながら挨拶回りをするのは、よく見る光景です。こうしたカレンダーや手帳の配布のために要する費用は交際費には含まれません。

実は、こうしたカレンダーや手帳の配布は、税法を杓子定規に読むと、取引先に対する贈答ですから交際費に該当することになってしまいます。しかし、これらは、多数の者に配布することを目的とした広告宣伝を意図する物品(※8)であり、しかも通常は金額が少額なの(※9)で、交際費とはしないことになっています。

これに対して、お歳暮やお中元を取引先に贈る場合には、多数の者に配布することを目的とするものとはいえませんから、広告宣伝費ではなく、原則どおり交際費として処理し

※8 カレンダーや手帳以外にも、法令では、扇子、うちわ、手ぬぐいなどが例示されています。これら以外でも、ボールペンなどの文房具などでもいいでしょう。

なければなりません。

広告宣伝費であるかどうかの一番のポイントは、その支出が不特定多数の者に対して広告宣伝を意図したものであるかどうか、という点にあります。通達によれば、たとえば次の費用は交際費には該当しません。

【支出時の損金となる広告宣伝費】
① 一般消費者に対する金品の交付、旅行・観劇の費用
② 金品引換券付販売に伴い一般消費者に対し金品を交付するための費用
③ あらかじめ行った広告宣伝どおり、一般消費者が一定商品を購入した場合に招待する旅行・観劇等の費用
④ 小売業者が一定商品を購入した一般消費者に交付する景品費用
⑤ 一般工場見学者に対する試食・試飲（通常の茶菓代を含む）の費用
⑥ 得意先等に対する見本品、試用品の費用
⑦ 継続的に試用を行ったり、モニターに協力したりした一般消費者に対する謝礼の費用

しかし、「物品」ではなく、商品券やビール券の場合は、金銭的な価値があり、場合によっては換金することも可能なので、カレンダーなどと同列に扱うことはできず、交際費に該当することになると考えられます。

※9 「少額」の物品とは、おおむね3,000円以下の物品をいいます。

図表 6-4 交際費と広告宣伝費の区分

項　　目	区分の ポイント	広告宣伝費	交　際　費
旅行・観劇等への招待	不特定多数の人を対象	抽選等により商品購入者を招待した費用	特定の取引先を招待した費用
展示会	不特定多数の人を対象	・展示会費用 ・業界団体が実施する展示会に出展する際の協賛金などの展示費	展示会において特定得意先を対象として接待する費用
見本品試用品	費用発生の目的	得意先に対して広告宣伝の目的をもった見本品・試用品費	得意先に対する贈答の目的をもった見本品・試用品費
モニターへの謝礼	一般消費者モニター	自社製品等のマーケティング調査に協力した謝礼	一般消費者に該当しない者に対する謝礼
工場見学費用	目的は工場見学	一般の工場見学者に対する試食（試飲）、通常の茶菓子等の接待	特定取引先を工場に招待したときの接待費
景品	一般消費者	小売業者が商品購入者に交付する景品費	接待の目的をもっている場合の費用

● 節税ポイント

■広告宣伝費であることを証明するための証拠資料

広告宣伝費であることを証明するための資料としては、次のようなものがあります。

そのほかの類似費用との区分処理に注意する（交際費と寄附金・売上割戻し）

前述した費用以外にも、寄附金や売上割戻しなど、交際費との境目がまぎらわしいものがあります。

① 寄附金と交際費の区分（図表6-5）

ある相手に対してお金や物を贈与した場合に、それが交際費となるのか、それとも寄附金となるのかは、どのように判断するのでしょうか。

まず、社会事業団体や政治団体に対する拠出金や神社の祭礼等の寄贈金などは取引関係者からの見返りを期待して支出しているわけではありませんから、交際費ではなく寄附金となります。贈与の相手方が事業に直接関係がない場合は、交際費になるのか寄附金になるのかは、個々のケースごとに判定しますが、原則として、金銭での贈与は寄附金と

証明する内容	証拠書類
広告宣伝を目的とする支出であること	・次の内容を明らかにした稟議書等 支出の目的(広告宣伝)、相手方(一般消費者、見本品等の場合は得意先) ・その他一般消費者に告知した広告等がある場合はその原本または控え

図表6-5　交際費と寄附金との区分

支出の内容		区分
事業に直接関係のない者への贈与	金銭	寄附金
	物品	寄附金または交際費等(注)
社会事業団体、政治団体への拠出金、神社の祭礼等の寄贈	金銭	寄附金
	物品	

(注) 寄附金か交際費かは個別に判定する

図表6-6　交際費と売上割戻しとの区分

支出の内容			区分
得意先に対して売上・回収に比例させるなど、一定の基準で支出されるもの	金銭		売上割戻し
	旅行・観劇招待費用		交際費
	物品	事業用資産	売上割戻し
		その他の資産	少額物品(注1)
			その他(注2)	交際費

(注1) 少額物品とは、購入単価がおおむね3,000円以下の物品
(注2) 引換物品が特定されていない商品券などは交際費に該当

② 売上割戻しと交際費の区分（図表6—6）

売上割戻しについては、得意先に対して一定の基準によって金銭で支出されるものは問題ありませんが、それ以外のものについては交際費になるのかならないのかの検討が必要となります。

得意先に対して売上、売掛金回収の一定率の金銭を支出するとか、営業地域の特殊事情や協力度などによって金銭で支出する場合には、まず交際費ではなく売上割戻しとして処理できないかどうかをチェックする必要があります。

● 節税ポイント
■ 交際費は全社一丸となって少なくする

会社の販売活動の中で、いわば「効率的な交際費支出」の重要性はますます高まっています。

販売促進のための費用としては、交際費以外にも、広告宣伝費や売上割戻し等種々あります。しかし、他の費用がほとんど損金となる費用であるのに対し、交際費は基本的に損金不算入です。仮に10万円で得意先を接待したとすれば、そのときに支払う10万円のほかに、その40％相当分の4万円を税金として支払うことになり、合計14万円の負担となります。このように、交際費は他の費用に比べて高くつくのだという意識を経理部員だけでなく、接待を行う営業部門の社員にもしっかりと持ってもらうことが重要です。

その上で、交際費と福利厚生費、広告宣伝費その他類似費用とのボーダーラインを

3 販売促進費は原則として全額損金になる

しっかり理解し、できるだけ交際費ではなく、それらの類似費用で処理できるような支出の仕方をすることが大切です。これは、経理部員だけが心がけるべきものではありません。全社一丸となって理解することが必要です。

たとえば、広告宣伝費として費用処理する予定のものが、支出の方法如何によっては交際費となってしまうことがあります。広告宣伝費と交際費の区分を経理部員だけでなく、広告宣伝の担当者がよく理解し、効果的な広告宣伝の支出をする必要があります。

また、税務上の「証拠書類」という観点も大切にしなければいけません。会社が広告宣伝費を支出した場合には、その支出が不特定多数の一般消費者等を対象に広告宣伝を目的としたものであることを証明する必要があります。広告宣伝の実施に係る社内稟議書等は、そういった観点でまとめることも必要です。

これらは、経理部員だけが意識しても決してうまくはいきません。全社的に交際費に関する理解を深めることが大切です。

■販売奨励金は原則として損金算入となる

販売奨励金は、販売促進の目的で特定の地域の得意先に対して金銭や事業用資産を交付する費用です。(※10) 販売奨励金は原則として全額損金算入できますが、交際費との区分問題が生じますので、注意が必要です。

※10 先に述べた「売上割戻し」は得意先の売上高等に比例して交付するものなのに対し、「販売奨励金」は、新規に販売先を開拓する場合や他社との競争が激しい地域で顧客を獲得するために販売代理店等に交付するものをいいます。

このため販売奨励金は、売上割戻しと異なり支給基準を明確にしないことも多いことから、交際費との境界が不明確になりがちです。

税務上は、販売奨励金は売上割戻しとほぼ同様の取り扱いがされます。

たとえば、当社の商品を取り扱う販売代理店10社に対して、半年間の売上金額に応じた表彰制度を設け、優秀な代理店を表彰し、その副賞として、海外旅行に招待することにした場合、この海外旅行の招待費用は販売奨励金となるのでしょうか、それとも、交際費になるのでしょうか？

そもそも販売の促進を目的として作った表彰制度ですから、成果の上がった代理店に対して成功報酬を金銭で支払うのは何の問題もないはずです。他方、旅行に招待する行為自体は得意先への接待であり、しかも事後に行われているので、意地の悪い見方をすれば、販売促進の費用ではなく販売の謝礼と考えられなくもありません。

このため、原則として税務では金銭で支払うものは販売奨励金として損金算入、物品を支給する場合は交際費に該当するものとして取り扱います。ただし、少額（購入単価がおおむね3,000円以下）の物品や事業用資産を交付した場合には交際費には該当しません。(※11)

● 節税ポイント
■ 販売奨励金は支出基準をつくっておく

販売奨励金は、特定の製品・商品の販売促進に着目し、販売数量、単価、販売金額の2つの支出形態が考えられます。

この2つの支出形態を踏まえて、具体的には次のような基準が設定され、そのひとつあるいはいくつかの組合せにより、実際の販売促進活動が展開されるわけです。

店の販売促進に着目して支払う場合と、特定の特約店の販売促進に着目して支払う場合、販売数量、単価、販売金額、協力度等を勘案して支払う場合

	ケース	取扱い
事業用資産以外の物品を交付した場合	購入単価がおおむね3,000円を超えるとき	交際費になります。
	購入単価がおおむね3,000円以下のとき	販売促進費として損金算入できます。
事業用資産（支出の効果が1年以上に及ぶもの）を交付したとき	事業用資産が20万円以上のとき	繰延資産（広告宣伝用資産の贈与のための費用）として、耐用年数の7/10に相当する年数（最大5年）で償却します。
	事業用資産20万円未満のとき	少額の繰延資産として全額損金算入できます（損金経理が必要です）。

※11 販売奨励金と交際費の区分

① 一定期間の売上金額を基準とする場合は、売上の中味である売上数量と売上単価に分解して検討しますが、一般的には、あるいくつかの基準金額によって売上金額に乗ずる奨励金比率が異なるようにします。

② 前期比（3カ月または6カ月間）を算出し、売上の伸び率に合わせた奨励金比率を算出します。もし、売上に季節性の波があるような場合は、前期比ではなく前年同期比を用います。

③ 製品・商品別にそれぞれ奨励金の支出についてウェートづけをして奨励金比率を算出します。たとえば、新製品や販売のむずかしい商品を扱っている代理店の努力を考慮するときなどは、この手法を加味します。

④ 期中における回収率を前期と比較し、それを加味して単に売上金額、売上数量だけで判断しないような奨励金比率を算出します。たとえば、売掛債権残額（売掛金＋受取手形＋割引手形）から、期中の直近の月別売上を差し引いたところまで差し引いて出した代金回収日数を、前期のそれと比較し、売上のみで算出した奨励金比率を補正するといったやり方です。

⑤ 取引に関する担保力の増加・減少について内容を検討し、結果としての安全度を算出して奨励金比率に反映させます。

⑥ ①～⑤を踏まえて、いかなる点で自社の販売促進に協力してくれたか、さらに今後の改善に対してどこまで積極的に協力してくれるかといった点を得意先とも話し合って、それを奨励金比率に加味します。

⑦ 以上①～⑥を総合的にみて、とくに今期において特別に奨励金を支出するに値するものについては、特別奨励金の設定も行います。

図表6-7 販売奨励金、販売手数料、売上割戻しの区分

		売上割戻し	販売奨励金	販売手数料
支払先		取引先	取引先	仲介業者
契約		あり（通知書のこともある）	ない場合もある（通知書のこともある）	あり
支払形態		・売掛金と相殺 ・金銭	・金銭 ・事業用資産	・金銭
仕訳	支出側	（借方）売上割戻し （貸方）売掛金	（借方）支払手数料 （貸方）現預金	（借方）販売手数料 （貸方）現預金
	受取側	（借方）買掛金 （貸方）仕入割戻し	（借方）現預金 （貸方）受取手数料	（借方）現預金 （貸方）受取手数料

ここに掲げたのは、あくまでも一例です。大切なのは、自社の販売促進政策にもっとも適した支出をするということです。会社にとって適した支出基準を作成することにより、支払った金銭の算定根拠が会社の販売政策等からみて合理的であることを説明できることにつながり、結果として節税にもつながります。

■販売手数料は条件を満たせば損金算入できる

通常の販売手数料は、自社が得意先に製品を販売する場合に、仲介してくれた仲介業者や特約店のセールスマンに支払う口銭（取引の仲介をした手数料）で、原則として損金算入ができます。

ところで、顧客の仲介などを業としていない、個人の方などが顧客を紹介してくれた場合に、謝礼（いわゆる心付け）の意味で紹介料や情報提供料などの名目で金銭を支払うことがあります。このような場合の紹介料等も一種の販売手数料として損金に算入することができるのでしょうか？

この場合は、その紹介料等が契約に基づいて当然に支払われるものでない限り、任意に支払う謝礼金として交際費に該当するものとされます。し

かし、こうしたケースでも、あらかじめ契約を結んで恣意性を排除したうえで、相応の金額を支払うのであれば、交際費とせず、販売手数料として損金に算入することができます(※12)。

最後に、これまで述べてきた販売奨励金、販売手数料と売上割戻しの区分をまとめると、図表6－7のようになります。

4 貸倒処理には条件がある

■貸倒れの措置には2つある

会社は営業活動を通じて販売につとめ、収益を確保することを第一の仕事としています。

この営業活動を展開していく過程で、得意先に対する売掛金や貸付金などの金銭債権が発生します。どの会社でも、得意先などの信用調査を行ったり、債権の限度額を設定し、債権の管理につとめています。それでも、ときには得意先の経営が思わしくない状態になったり、債務超過になって倒産し、債権の回収が不能になる、あるいはその恐れが生じることがあります。

そこで、会社では、これらの事態に対して、①貸倒引当金の設定、②貸倒損失の計上という経理面での措置を講じます。

■貸倒れの考え方は税務と会計で違う

売掛金や貸付金などの金銭債権について回収不能の恐れがあるときには、会計上その回収不能の見込額を「貸倒引当金」として債権金額から差引き（控除）します。そして、それが完全に貸倒れになった時点で、「貸倒損失」として費用処理します。いわば、貸倒引

※12 次の要件をすべて満たしていれば交際費とはならず、販売手数料として損金に算入することができます。
① あらかじめ締結された契約に基づく対価の支払いであること
② 提供を受ける役務の内容がその契約で具体的に明らかにされていると同時に、実際に役務の提供を受けていること
③ 対価の額が提供を受けた役務の内容に照らして相当であること

5 貸倒引当金計上は突発損失に備えるため

当金の設定がイエローカードであり、貸倒損失の計上がレッドカードのようなものです。法人税法では貸倒引当金や貸倒損失の計上にあたっては、税法独特の考え方を適用しますので、税務と会計の処理に違いが生じ、注意が必要です。

■貸倒引当金は2種類ある

貸倒れに備えて貸倒れの損失額をあらかじめ見積もって計上するのが貸倒引当金です。

この貸倒引当金は、①個別評価の貸倒引当金と、②一括評価の貸倒引当金の2種類があります。

貸倒れに備えて貸倒引当金として損金に算入できるのは、会社が損金経理により貸倒引当金勘定に繰り入れた回収不能見込額のうち、税法で定める繰入限度額までの金額です。さらに申告書に記載することにより損金算入が認められています。なお、損金の額に算入された金額は、翌期取り崩して全額益金に戻し入れられます（毎期洗い替え）。

■税務上の貸倒引当金は適用される法人が限定されている

平成23年度の第二次税制改正により、平成24年4月1日以後に開始する事業年度より、適用法人が、中小法人(※13)、銀行・保険会社などに限定されました。

また、資本金1億円超の大企業など貸倒引当金の繰入が認められなくなった適用対象外法人については、繰入れが全額すぐに廃止というわけではなく、経過措置として4年間(※14)で段階的に廃止されることになりました。

※13 「中小法人」とは、期末資本金1億円以下の会社をいいます。ただし、資本金5億円以上の100％子会社等は除きます。

個別評価の貸倒引当金

個別評価の貸倒引当金はいわゆる不良債権とよばれるものに対して設定するもので、個別の債務者ごとに繰入限度額を計算します。また、個別評価の貸倒引当金の対象となる債権は、個別評価金銭債権（※15）といいます。個別評価金銭債権は内容に応じて分類され、繰入限度額が内容ごとに定められています。個別評価金銭債権を分類したものと、それぞれの繰入限度額をまとめると図表6－8のとおりです。

図表6-8　個別評価金銭債権と繰入限度額

個別評価金銭債権	繰入限度額
①長期棚上げ債権 　会社更生法等の規定による更生計画認可決定等の事由で弁済が猶予された債権または分割払いにより弁済される債権	その事由が生じた事業年度から5年を超えて弁済される金額
②一部回収不能債権 　債務者について債務超過の状態が相当期間（注1）継続し、事業好転の見通しがないことなどにより債権の一部について取立ての見込みがないと認められるもの	取立ての見込みがないと認められる金額
③形式基準該当債権 　会社更生法等の規定による更生手続き開始の申立て等がなされたものに対する債権（手形交換所の取引停止処分を受けたものに対する債権を含みます。）	対象となる債権（注2）の50％
④外国公的不良債権 　外国の政府等に対する金銭債権のうち、長期にわたる債務の履行遅延によりその経済的な価格が著しく下落し、その弁済を受けることが著しく困難であると認められる事由が生じているもの	対象となる債権（注2）の50％

（注1）「相当期間」とは、おおむね1年以上とし、その債務超過に至った事情と今後の見通しを合わせて適用の有無を判断します。
（注2）形式基準該当債権の対象となる債権は、債権額から次の金額を控除した額です。
①債務者から受け入れた金額があるため、実質的に債権とみられない額
②質権、抵当権などによって担保されている金額
③金融機関や保証機関により保証されている金額

※14　経過措置は次のとおりとなっています。

事業年度	経過措置による繰入限度額
平成24年4月1日から平成25年3月31日までの間に開始する事業年度	改正前の繰入限度額の3/4
平成25年4月1日から平成26年3月31日までの間に開始する事業年度	改正前の繰入限度額の2/4
平成26年4月1日から平成27年3月31日までの間に開始する事業年度	改正前の繰入限度額の1/4

※15　個別評価金銭債権や一括評価金銭債権の対象となる金銭債権は売掛金や貸付金など、以下のとおりです。
①売掛金、貸付金、受取手形、先日付小切手
②裏書手形、割引手形（売掛金、貸付金などの既存債権にかかるものに限ります）
③未収金（譲渡代金、加工料、請負金、

図表6-9　法定繰入率と貸倒実績率

	法定繰入率	貸倒実績率
①対象	中小法人等	中小法人等以外（銀行、保険会社等）は強制適用。中小法人等は選択適用可
②算定方法	業種区分ごとに以下のとおり定めがあります。 ①卸売および小売業（飲食店業、料理店業を含む）…10/1000 ②製造業（電気、ガス、熱供給、水道、修理業を含む）…8/1000 ③金融・保険業…3/1000 ④割賦販売小売業・割賦購入あっせん業…13/1000 ⑤その他の事業…6/1000	過去3年間の一括評価金銭債権の帳簿価額の合計額のうちに、過去3年間の貸倒損失の額がいくらあったかという過去3年間の貸倒の実績率を使用
③留意事項	繰入限度額の計算にあたっては実質的に債権とみられない額（たとえば同一人に対し売掛金と買掛金があるときの買掛金の額）を期末の一括評価金銭債権の額から差し引きます。	左記の調整は不要

■一括評価の貸倒引当金

不良債権以外の一般の売掛金など（これを一括評価金銭債権(※15)といいます）に対して設定するのが一括評価の貸倒引当金です。「一括評価」と呼ばれるのは、個別の債務者ごとに繰入限度額を計算するのではなく、対象債権をひとまとめ（グルーピング）して繰入限度額を計算するからです。なお、個別評価の貸倒引当金の繰入対象となった債務者の金銭債権は、一括評価の繰入対象とすることができません。

一括評価金銭債権に係る繰入限度額は、期末の一括評価金銭債権の帳簿価額の合計額に繰入率を乗じて計算します。

この繰入率は、「貸倒実績率」と「法定繰入率」の2つがあります。主な違いは**図表6-9**のとおりです。

④立替金（他人のために立替払いしたものに限り、将来精算される費用の前払部分は除きます）

一方、手付金や前渡金のように資産の取得代価または費用の支出に充てるものや前払給料や概算払旅費などのように将来精算される費用の前払金などは対象となりません。

手数料などで益金に算入されたもの）

6 貸倒損失の判定は厳しい

■貸倒損失はタイミングを逃すな

税法では金銭債権が貸倒れとなったかどうかの判定は厳しく、タイミングが早くても遅くても損金算入は認められません。また、相手方に支払能力がある場合には、相手先への贈与と捉えられ、「寄附金認定」の懸念が生じます。

税法上で貸倒損失が計上できるのは次の3つのケースに限定されています。

① 法律上の貸倒れ

会社更生法など法的な手続きによって、法律上、債権が切り捨てられた場合などに、その切り捨てられた金額が貸倒損失となります。貸倒損失の損金算入のタイミングは、その切り捨てが発生した事業年度に限定されますので、注意が必要です。

このような法律上の債権の消滅による貸倒れは、もしも損益計算書で貸倒損失の計上をしていなくても、その年度の申告書で減算調整しなければなりません。もし減算調整しなければ、その後の年度では減算調整ができなくなります。

② 事実上の貸倒れ

債務者の資産状況、支払能力などからみて、その全額が回収できないことが明らかになった場合は、損金経理を要件としてその回収不能額の全額について貸倒損失の計上が認められています。損金算入のタイミングは、回収ができないことが明らかとなった事業年度です。

ポイントは債権の一部ではなく、全額が回収不能となることです。相手から担保を受け

取っているときは、その担保物を処分した後でなければ貸倒処理ができません。また、①の法律上の貸倒れの場合と違って、損金経理を行っている必要があります。

③ 形式上の貸倒れ（取引停止後1年以上弁済のない売掛債権の貸倒れ）

(a) 債務者と取引を停止したとき（最後の弁済期が取引停止以後のときは、その弁済期）以後一年以上経過した場合

(b) 同一地域の売掛債権の総額が売掛債権を取り立てるための旅費などの費用に満たず、督促しても弁済がない場合のいずれかに該当する場合は、備忘価額（1円）を引いた残額の損金経理を条件として貸倒損失とすることができます。

損金算入時期は、(a)については、取引停止後一年以上経過した日以後の事業年度、(b)については、弁済がないとき以後の事業年度となります。

ただし、対象債権は売掛債権に限定されており、貸付金は対象外ですので注意が必要です。

なお、貸倒損失の内容や貸倒金額、損金算入時期をまとめると、**図表6−10**のとおりです。

貸倒引当金の設定から貸倒損失の計上までの一連の流れを**図表6−11**に整理しましたのでご参照ください。

● 節税ポイント
■ 貸倒れの事実を証明する書類をきちんと整備する

貸倒損失については、税務調査等の場面で事実認定がよく問題になります。特に貸

倒れの事実が税務処理をした事業年度に発生したのかが論点になりますので、客観的・合理的に貸倒れの判断を行ったことを証明できる資料の準備がポイントとなります。

証拠書類としては、たとえば次のような書類を残しておくのが望ましいでしょう。

① 法律上の貸倒れ
● 裁判所からの会社更生計画・民事再生計画等の認可決定通知書
● 債権者集会により承認された債権整理案等
● 債務免除を明らかにした書面（公正証書・内容証明郵便）
● 過去の回収状況、回収交渉、回収できないことが決定された経緯などを詳細に記述したもの（社内報告書・稟議書）

② 事実上の貸倒れ
● 債務者の資産状況、支払能力等を明らかにし、金銭債権の全額が回収不能であることを明らかにする次の内容が盛り込まれている資料（社内報告書・稟議書）・内容証明郵便
・債務者との取引停止の事実
・債権の回収交渉、回収努力、その結果回収できないこととなった事実の記録
・債務者の過去数年分の決算書等、債務者の財務状況を調査したもの
・債権回収コスト計算書
・債務者の能力、事業内容、業界動向等から再建可能性が全くみられないことを証するもの

③ 形式上の貸倒れ
- 担保差入証、担保物件評価鑑定書
- 債務保証契約書、保証債務履行完了書等
● 得意先元帳・取引基本契約書・社内報告書・稟議書・内容証明郵便
● 取立費用（旅費等）見積書
● 督促状の控え

郵 便 は が き

料金受取人払郵便

落合支店承認

2045

差出有効期間
2014年1月14日
(期限後は切手を
おはりください)

１６１－８７８０

東京都新宿区下落合2-5-13

㈱ 税務経理協会

社長室行

|||||||||||||||||||||||||||||||||||||||||||||||

お名前	フリガナ			性別	男 ・ 女
				年齢	歳

ご住所	□□□-□□□□ TEL ( )

E-mail	
ご職業	1. 会社経営者・役員 2. 会社員 3. 教員 4. 公務員 5. 自営業 6. 自由業 7. 学生 8. 主婦 9. 無職 10. 公認会計士 11. 税理士 12. その他 ( )

ご勤務先・学校名	

部署		役職	

ご記入の感想等は，匿名で書籍のPR等に使用させていただくことがございます。
使用許可をいただけない場合は，右の□内にレをご記入ください。　　□許可しない

ご購入ありがとうございました。ぜひ、ご意見・ご感想などをお聞かせください。
また、正誤表やリコール情報等をお送りさせて頂く場合もございますので、
E-mail アドレスとご購入書名をご記入ください。

ご購入書名	

Q1 お買い上げ日　　　　年　　　月　　　日
　　ご購入方法　1. 書店で購入（書店名　　　　　　　　　　　　　　　　　）
　　　　　　　　2. インターネット書店　　3. 当社から直接購入

Q2 本書のご購入になった動機はなんですか？（複数回答可）
　　1. 店頭でタイトルにひかれたから　2. 店頭で内容にひかれたから
　　3. 店頭で目立っていたから　　　　4. 著者のファンだから
　　5. 新聞・雑誌で紹介されていたから（誌名　　　　　　　　　　　　）
　　6. 人から薦められたから
　　7. その他（　　　　　　　　　　　　　　　　　　　　　　　　　　）

Q4 本書をお読み頂いてのご意見・ご感想をお聞かせください。

Q5 ご興味のある分野をお聞かせください。
　　1. 経営　　2. 経済・金融　　3. 財務・会計
　　4. 流通・マーケティング　　　5. 株式・資産運用
　　6. 知的財産・権利ビジネス　　7. 情報・コンピュータ
　　8. その他（　　　　　　　　　　　　　　　　　　　　　　　　　　）

Q3 カバーやデザイン、値段についてお聞かせください
　　　　①タイトル　　　　　　1良い　2目立つ　3普通　4悪い
　　　　②カバーデザイン　　　1良い　2目立つ　3普通　4悪い
　　　　③本文レイアウト　　　1良い　2目立つ　3普通　4悪い
　　　　④値段　　　　　　　　1安い　2普通　　3高い

Q6 今後、どのようなテーマ・内容の本をお読みになりたいですか？

ご回答いただいた情報は、弊社発売の刊行物やサービスのご案内と今後の出版企画立案の参考のみに使用し、他のいかなる目的にも利用いたしません。なお、皆様より頂いた個人情報は、弊社のプライバシーポリシーに則り細心の注意を払い管理し、第三者への提供、開示等は一切いたしません。

図表 6-10　貸倒損失

区分	発生した事実・内容	貸倒金額	損金算入時期
法律上の貸倒れ（法基通9-6-1）	会社更生法、民事再生法の再生計画の認可の決定による切捨て	切り捨てられることとなった部分の金額	その事実の発生した日を含む事業年度
	会社法の特別清算に係る協定の認可による切捨て		
	関係者の協議決定による切捨て ・債権者集会の協議決定で合理的な基準により債務者の負債整理を定めたもの ・行政機関、金融機関その他第三者の斡旋による当事者の協議により締結された契約で合理的な基準によるもの		
	債務者の債務超過の状態が相当期間継続し、その弁済を受けられないと認められない場合において、その債務者に対し書面により明らかにされた場合	債務免除の通知した金額	
事実上の貸倒れ（法基通9-6-2）	債務者の資産状況、支払能力等からみて全額が回収できないことが明らかとなった場合（担保物のない場合に限る。保証債務は履行した後）	金銭債権の金額	回収できないことが明らかとなった事業年度
形式上の貸倒れ（法基通9-6-3）（注）	債務者との継続的取引停止後1年以上経過した場合（担保物のない場合に限る）	売掛債権の額から備忘価額（1円）を控除した金額	取引停止後1年以上経過した日以後の事業年度
	同一地域の売掛債権の総額が取立て費用に満たない場合において督促しても弁済がないこと		弁済がないとき以後の事業年度

（注）貸付金その他これに準ずる債権は、形式上の貸倒れの対象となりません。

図表6-11 貸倒引当金(個別評価金銭債権)の設定から貸倒損失の計上までの流れ

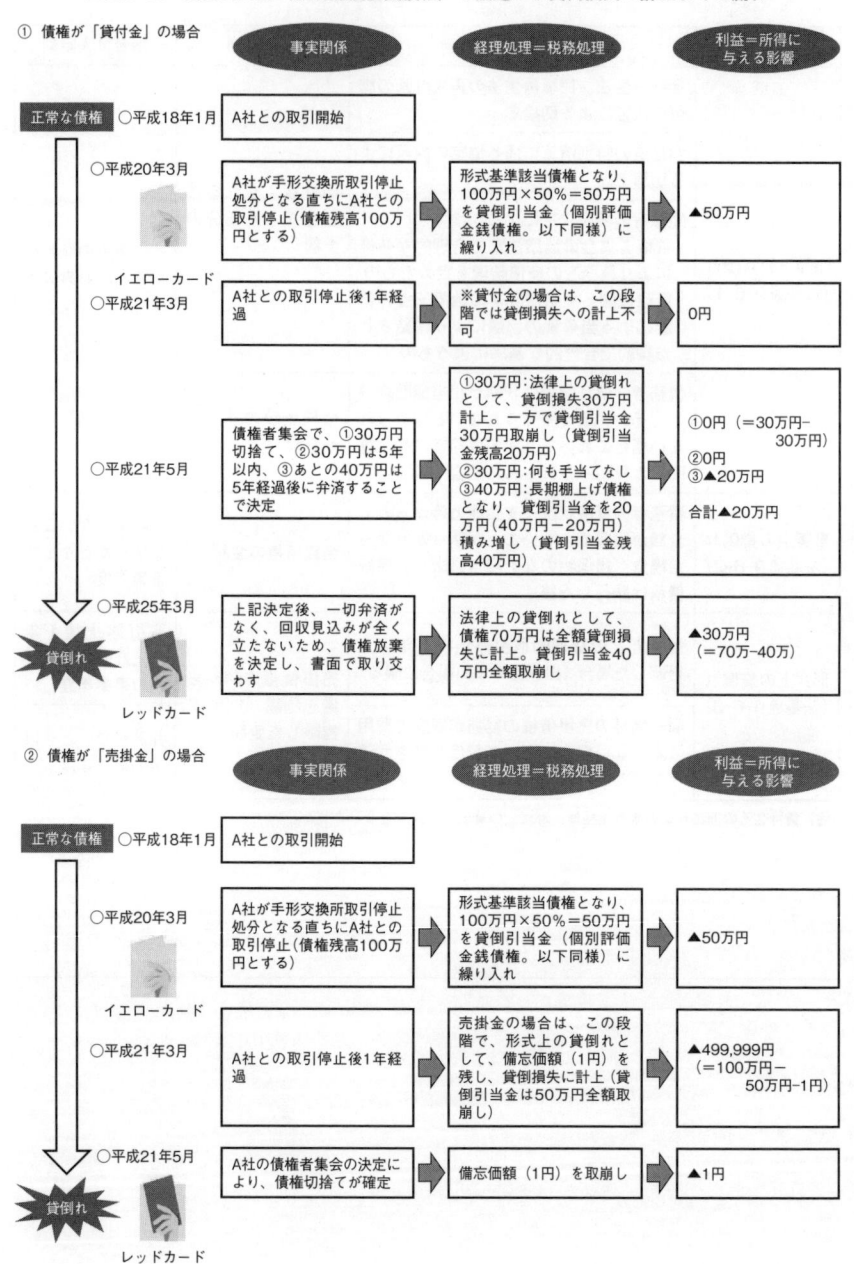

① 債権が「貸付金」の場合

事実関係 / **経理処理＝税務処理** / **利益＝所得に与える影響**

【正常な債権】

○平成18年1月 — A社との取引開始

○平成20年3月 — A社が手形交換所取引停止処分となる直ちにA社との取引停止(債権残高100万円とする) → 形式基準該当債権となり、100万円×50％＝50万円を貸倒引当金(個別評価金銭債権。以下同様)に繰り入れ → ▲50万円

（イエローカード）

○平成21年3月 — A社との取引停止後1年経過 → ※貸付金の場合は、この段階では貸倒損失への計上不可 → 0円

○平成21年5月 — 債権者集会で、①30万円切捨て、②30万円は5年以内、③あとの40万円は5年経過後に弁済することで決定 → ①30万円：法律上の貸倒れとして、貸倒損失30万円計上。一方で貸倒引当金30万円取崩し(貸倒引当金残高20万円) ②30万円：何も手当てなし ③40万円：長期棚上げ債権となり、貸倒引当金を20万円(40万円－20万円)積み増し(貸倒引当金残高40万円) → ①0円(＝30万円－30万円) ②0円 ③▲20万円 合計▲20万円

【貸倒れ】

○平成25年3月 — 上記決定後、一切弁済がなく、回収見込みが全く立たないため、債権放棄を決定し、書面で取り交わす → 法律上の貸倒れとして、債権70万円は全額貸倒損失に計上。貸倒引当金40万円全額取崩し → ▲30万円(＝70万－40万)

(レッドカード)

② 債権が「売掛金」の場合

事実関係 / **経理処理＝税務処理** / **利益＝所得に与える影響**

【正常な債権】

○平成18年1月 — A社との取引開始

○平成20年3月 — A社が手形交換所取引停止処分となる直ちにA社との取引停止(債権残高100万円とする) → 形式基準該当債権となり、100万円×50％＝50万円を貸倒引当金(個別評価金銭債権。以下同様)に繰り入れ → ▲50万円

(イエローカード)

○平成21年3月 — A社との取引停止後1年経過 → 売掛金の場合は、この段階で、形式上の貸倒れとして、備忘価額(1円)を残し、貸倒損失に計上(貸倒引当金は50万円全額取崩し) → ▲499,999円(＝100万円－50万円－1円)

【貸倒れ】

○平成21年5月 — A社の債権者集会の決定により、債権切捨てが確定 → 備忘価額(1円)を取崩し → ▲1円

(レッドカード)

第7章 固定資産の取得、減価償却、修繕、除却、リースの処理

1 減価償却とは

■固定資産の取得価額は使用期間に応じて費用化する

事業用の建物や機械などの固定資産は、長期にわたり収益に貢献する一方で、時の経過や使用によって徐々に価値が減少していきます。毎期の損益を計算するにあたっては、取得したときにその取得価額を一時に費用化するのは適当ではなく、使用期間に応じて費用化する必要があります。

この費用化の手続きのことを減価償却といいます。

■減価償却費は原則損金になる

会計上、減価償却費は費用です。税法上も損金となります。しかし、必ずしも金額を損金算入できるとは限りません。法人税法に定められた方法により減価償却資産の取得価額、償却方法、耐用年数等を基礎として償却限度額を計算します。この計算によって求められた償却限度額の範囲内で、損金経理された金額が損金算入されます。

■減価償却資産の範囲

減価償却は固定資産について実施しますが、すべての固定資産が対象となるわけではありません。税法上、減価償却の対象となる固定資産は、次のような資産です。

① 事業に使っているもの
② 時の経過により価値が減少するもの

なお、減価償却の対象となる資産を「減価償却資産」(※1)と呼びます。

■購入した場合の取得価額

固定資産を購入した場合、その取得価額は、その資産の購入代価に、購入のために要した費用（引取運賃、荷役費、運送保険料、購入手数料、関税等）、事業の用に供するために直接要した据付費や試運転費等の費用を加算した金額となります（図表7−1）。

■自社で建設、製作、製造した場合の取得価額

自社で建設、製作、製造した場合は、建設等にかかった原材料費、労務費、経費の合計額に、事業の用に供するために直接要した費用を加算した金額となります（図表7−2）。

●節税ポイント

■取得価額に算入しなくてもよい付随費用

税務上は固定資産の取得に関連して支出するものであっても、取得価額に加えなくてもよい費用もあります。たとえば、次に掲げるような租税公課、固定資産を取得す

※1 主な減価償却資産は次の通りです。

① 有形減価償却資産…建物、建物附属設備、構築物、機会および装置、船舶、航空機、車両および運搬具、工具・器具および備品など
② 無形減価償却資産…特許権、商標権、営業権、ソフトウェアなど

逆に、減価償却できない資産としては、次のようなものがあります。
・土地、書画、骨董などの美術品

図表7−1　購入した場合の取得価額

購入対価	
購入先に支払った代金	引取運賃、荷役費、運送保険料、購入手数料、関税等購入のために要した費用

＋

据付費、試運転等の用に供するために直接要した費用

図表7−2　自社で建設、製作、製造した場合の取得価額

建設、製作、製造の原価		
原材料費	労務費	経費

＋

事業の用に供するために直接要した費用

第7章　固定資産の取得、減価償却、修繕、除却、リースの処理

るために借り入れた借入金の利子等は固定資産の取得価額に算入せず、取得税の損金として算入することができます。

・不動産取得税
・自動車取得税
・登録免許税その他登記・登録に要する費用

これらの費用について取得価額に算入してしまうので、節税の観点からは、取得価額に算入せず全額取得時の損金として処理した方が有利となります。

・建設中の資産で事業に使っていないもの
・借地権、電話加入権

【年の中途で取得した場合】

固定資産税は1月1日現在、土地や建物を所有している人に課せられる税金であり、年の中途で土地や建物を売却しても納税義務者は変更されません。したがって、あくまでも当事者間の約束で固定資産税相当額をやり取りしただけなので、購入した側は支払った未経過固定資産税相当額は取得価額に含めて、建物については減価償却を通じて損金算入します。

これは次の理由によります。

年の中途で土地や建物を購入した場合、売主に未経過分の固定資産税相当分を支払う場合があります。この売買に際してやり取りされる固定資産税相当額は、租税公課として取得時に全額損金算入されるわけではなく、土地や建物代金の一部として取り扱われます。

■少額減価償却資産は一時に損金算入できる

減価償却資産は、減価償却に応じて損金に算入されますから、通常は単一の年度で取得価額の全額を損金算入することはできません。しかし、次のような少額のものについては適正な所得計算を妨げないという理由から、減価償却をしなくても事業に供した年度で一時に損金算入することができます。

① 使用可能期間が一年未満の減価償却資産…同業種で一般的に消耗品とされているもので、平均的な使用状態で一年もつかどうかを判定します。

② 取得価額が10万円未満の減価償却資産…通常取引される一単位ごとに、10万円未満かどうかを判定します。(※2)

これらの少額減価償却資産についても、損金経理することが損金算入の条件です。

※2　たとえば、応接セットの場合は、通常、テーブルと椅子が1組で取引さ

■一括償却資産は3年で償却できる

少額減価償却資産は10万円未満の減価償却資産が対象ですが、20万円未満の減価償却資産については、損金経理を要件として、事業に供した事業年度から3年間で均等償却することも選択できます。3年という比較的短い期間で損金算入できることから、通常の減価償却費を計上するより節税になることがあります。

また、一括償却を選択した場合、3年の間対象資産の一部または全部について除却（※3）や減失（※4）等があったとしても一切考慮せず、3年間償却を続けますので、減価償却費の計算を簡便に行えるというメリットもあります。なお、一括償却資産は償却資産税（※5）の課税対象から除外されています。

■中小企業者等の少額減価償却

青色申告している中小企業者等（※6）に該当する会社が取得価額が30万円未満の減価償却資産を取得した場合は、事業の用に供した事業年度で、取得価額の全額を損金に算入することができます。なお、取得価額の合計額が300万円が限度となります。

中小企業者等に該当すれば、少額減価償却資産に該当しなくても取得価額の全額を一時に損金算入することができるので、節税につながります。

なお、前述の少額減価償却資産と一括償却資産の制度を利用して損金算入した場合は、その減価償却資産は、償却資産税の課税対象になりませんが、この制度を利用した場合は、償却資産税の課税対象となります（図表7―3）。

れるものなので、1組で10万円未満になるかどうかを判定します。また、カーテンの場合は、1枚で機能するものではなく、一つの部屋で数枚が組み合わされて機能するものなので、部屋ごとにその合計額が10万円未満になるかどうかを判定します。さらに、間仕切り用のパネルについても、通常パネル一枚で独立した機能を有するものではなく、数枚が組み合わされて機能するものなので、間仕切りとして設置した状態で10万円未満になるかどうかを判定します。

※3 「除却」とは、取り壊しや廃棄する行為のことをいいます。

※4 「減失」とは、主として災害を要因として、物がその物としての物理的存在を失うことをいいます。

※5 「償却資産税」とは、毎年1月1日現在所有している土地および家屋以外の事業の用に供することができる償却資産に対してかかる固定資産税のことをいいます。標準税率は1.4％です。

図表7-3 選択できる減価償却計算の特例

取得価額の区分	通常の減価償却	少額減価償却	一括償却	中小企業者等の少額減価償却
1円～99,999円	○	○	○	○
100,000円～199,999円	○	×	○	○
200,000円～299,999円	○	×	×	○

○選択できる　×選択できない

【減価償却計算の各特例のメリットとデメリット】

	少額減価償却	一括償却	中小企業者等の少額減価償却
メリット	・単年度で全額償却できるため、節税効果あり。 ・償却資産税が課税されない。	・3年で償却できる。通常の減価償却よりも減価償却費が多額になることがある（節税効果）。 ・減価償却計算が簡単。たとえば、期中に取得した場合も月数按分の計算はしない。 ・償却資産税が課税されない。	・単年度で全額償却できるため、節税効果あり。
デメリット	・適用した固定資産は、事業の用に供していても貸借対照表に計上されず、管理しずらい。	・適用した固定資産の除却や滅失があった場合でも、機械的に3年間償却を継続しなければならない。	・償却資産税が課税される。

※6 「中小企業者等」とは、資本金が1億円以下の法人（ただし、資本金が1億円を超える等の同一の大規模法人に発行済株式総数の1／2以上を所有されている法人および2以上の大規模法人に発行済株式総数の2／3以上を所有されている法人を除きます）をいいます。

2 減価償却方法

■**資産の種類に応じて選定すべき方法が定められている**

減価償却は、定額法、定率法、生産高比例法等の償却方法が定められています。資産の種類に応じて、選定すべき方法が定められています。償却方法が2つ以上ある場合は、いずれかを選択し確定申告書の提出期限までに所轄の税務署長に届け出る必要があります。届け出をしなかった場合は、法定の減価償却方法を用いることになります。

■**資産の取得時期によって償却方法が異なる**

定額法、定率法といっても取得時期によっては、旧定額法、旧定率法を用いているケースがあります。過去の税制改正の影響で、資産の取得時期に応じて、適用される減価償却方法が異なります（**図表7-4**）。

① 平成19年3月31日以前に取得した減価償却資産については、旧定額法、旧定率法等が適用されます。(※7)

【計算式】

旧定額法…取得価額×90％×旧定額法の償却率

旧定率法…（取得価額−期首減価償却累計額）×旧定率法償却率

② 平成19年4月1日以後に取得した減価償却資産については、定額法、定率法等が適用されます。

※7【平成19年3月31日以前に取得した減価償却資産についての特例】
平成19年3月31日以前に取得した減価償却資産で、取得価額の95％まで償却価額が達しているものについては、その償却が達した翌事業年度以後の各事業年度において、残存簿価1円まで60カ月で均等償却できます。

図表 7-4　資産の区分と償却方法

資産区分	平成 19 年 4 月 1 日以降取得分	平成 19 年 3 月 31 日以前取得分
建物（平成 10 年 3 月 31 日以前取得分）、建物附属設備、構築物、機械および装置、船舶、航空機、車両運搬具、工具・器具および備品	定率法（法定償却方法） 定額法	旧定率法（法定償却方法） 旧定額法
建物（平成 10 年 4 月 1 日以後取得分）、無形固定資産	定額法	旧定額法
鉱業権	定額法 生産高比例法（法定償却方法）	旧定額法 旧生産高比例法（法定償却方法）

【計算式】

定額法…取得価額×定額法の償却率

定率法…（取得価額－既償却額）×定率法の償却率

ただし、この方法により計算した金額が一定額に満たなくなった場合は、上記の計算式によらず、別の算式に基づいた毎期均等償却する方法に切り替わります。

また、平成 23 年度の税制改正によって、平成 24 年 4 月 1 日以後に取得した減価償却資産の定率法の償却率が変更となりました。

■定率法は早期の損金算入が可能

上記の償却方法のうち、通常採用されているのは、定額法と定率法です。この 2 つが選択適用できる場合にどちらを選ぶかが節税上のポイントになります。

一般的には、定率法が節税上有利とされています。これは、定率法の方が、初期段階での償却額が大きく、早期償却が可能で、その分損金算入額が増えるからです。

償却方法を変更するときは、新たな償却方法を採

■耐用年数は法令で決まっている

減価償却資産の耐用年数は、本来、会社がその実情や使用状態に応じて適正に見積もるべきところです。しかし、そうすると会社の事務負担が増したり、恣意的な見積りが介入して課税の公平性が害されたりするおそれがあります。そこで、税法では、資産の種類、構造、用途に応じて耐用年数を定めています。これを法定耐用年数といいます。

●節税ポイント

■特別償却を利用する

税法では、特定の減価償却資産を取得した場合などに、政策的な要請から通常の減価償却以上の償却を認めています。

この制度を利用すると早期の償却が行えますので、節税上望ましいです。特別償却するには、それぞれ厳密に適用要件が定められていますので、内容が合致するかどうかの検討が必要です。また、毎年のように税制改正で制度が創設または改定されますので、情報のキャッチアップが大切です。

（主な特別償却制度）
・中小企業等投資促進税制（中小企業者等が機械等を取得した場合の特別償却）…中小企業者等が平成26年3月31日までに新品の機械および装置などを取得し、または

用しようとする事業年度開始日の前日までに、所轄の税務署長に申請書を提出して承認を受ける必要があります。

112

第7章 固定資産の取得、減価償却、修繕、除却、リースの処理

製作して国内にある製造業、建設業などの指定事業の用に供した場合に、その事業年度において特別償却認めるもの。

なお、法人税額から一定の金額を控除する税額控除制度も選択できます。

■ 中古資産の耐用年数は簡便法を使うことが多い

中古資産を取得した場合は、法定耐用年数のほか、その事業の用に供した時以後の使用可能期間として合理的に見積もった耐用年数によることもできます。

しかし、使用可能期間の見積りは容易ではありません。そこで、実務上は、見積りが困難なときは次の簡便法によって耐用年数を算出することができます。(※8)

【簡便法の計算式】

法定耐用年数の全部を経過した資産…法定耐用年数×20%

法定耐用年数の一部を経過した資産…（法定耐用年数－経過年数）＋経過年数×20%

なお、これらの計算により算出した年数に1年未満の端数があるときは、その端数を切り捨て、その年数が2年に満たない場合には2年とします。

● 節税ポイント

■ 中古資産を購入して節税する！

中古資産の耐用年数は、新品の資産の耐用年数よりも短いのが通常です。耐用年数が短くなれば毎年の償却費は増えます。中古資産の購入によって早期償却が可能

※8 ただし、その中古資産を事業の用に供するために支出した資本的支出の金額がその中古資産の再取得価額（中古資産と同じ新品のものを取得する場合のその取得価額をいいます）の50％に相当する金額を超える場合には、耐用年数の見積りをすることはできず、法定耐用年数を適用することになります。

3 除却の処理

■除却損の計上

減価償却資産は、会社の営業の目的にそって解体、撤去等をして廃棄することがあります。これらの行為を除却等といいます。除却等にあたっては、その減価償却資産の帳簿価額から廃材等の処分価額を控除した金額をもって除却損とします。この除却損は、原則、特別損失として計上します。

■期中に除却した場合

年度の途中（期中）で除却した場合、除却損の計算方法として以下の2つがあります。

① 除却直前までの減価償却をする方法

期首から除却直前までの減価償却費を計算し、除却時点の未償却残高を除却損として計上する方法です。減価償却費は、使用期間に応じて発生するものという考え方からいく

となります。

たとえば、200万円の自動車を期初に取得した場合、新車だと耐用年数6年で償却（定率法償却率0.333）しますので、減価償却費は約66万円。（200万円×0.333）となります。一方、4年使用の中古車を取得した場合は、耐用年数は2年【（6年−4年）+4年×20％】になりますので、減価償却費は単年度で全額を償却することができます。

この方法となります。会計理論的な処理です。

② 除却直前までの減価償却をしない方法

期中の減価償却費を計上せず、期首簿価をもって除却損とする方法です。減価償却という行為は会社内部の取引であり、このような内部取引は期中に行わず、決算整理仕訳として実施すべきものと考えるやり方です。したがって、期中に除却した場合は、減価償却費の計上を行いません。期中の減価償却費を計算しない分、①に比べて事務作業が軽減されます。また、法人税法上は、この方法を採用しています。

なお、①によっても②によっても損金算入額は変わりません。減価償却費なのか除却損なのかという勘定科目の違いだけです。

■有姿除却

除却は、解体、撤去等を実際に行うのが原則ですが、次のような減価償却資産については、撤去等を行っていない場合でも除却処理することができます。

① その使用を廃止し、今後通常の方法により事業の用に使う可能性がないもの
② 特定の製品の生産のために使われていた金型等で、生産を中止したことで、将来、使用される可能性がほとんどないことがその後の状況からはっきりしているもの

実務上、撤去等に多額の費用が見込まれる場合、撤去等を行わずそのまま放置することもありえます。現状、減価償却資産としての使用価値が失われていると考えられる場合に認められる方法です。

今後使用される可能性がないかどうかについては、客観性が求められますので、会社として使用しないことにつき、稟議書等で有姿除却に至った経緯や会社の今後の方針などの

■除却の計上漏れにも注意

上記とは逆のことにも注意する必要があります。使えなくなった減価償却資産を廃棄したまま、除却申請書等を作成せず、会計処理がそのままになっているケースがあります。廃棄することに意識がいってしまい、その後の社内手続きが漏れてしまうケースです。現預金の支出を伴わない廃棄等の場合、その行為の捕捉が困難という特徴があります。したがって、経理部員が取引を把握することは難しく、除却損の計上漏れが発生する可能性があります。

損金算入できるものができないままになってしまうので、会社みずから税務上不利な取扱いをしていることになります。期末時に固定資産の実査(※9)を行っていれば、その時点で除却処理漏れに気づくことはありますが、すべてを網羅できるとは限りません。会社として除却する手続に関する社内規定を設けるなどして、廃棄等が行われた場合、適切に除却処理できる仕組みを構築しておくことが大事です。

● 節税ポイント

■実際に除却されているかどうかに注意する

除却損の計上は、経理部に回覧されてくる除却申請書等の書類に基づいて行われることが多いです。経理部員が、現場に赴いて実際に減価償却資産が解体、撤去されたかどうかを確認するのは稀です。しかし、管轄部署が除却申請書等の書面だけ作成して、実際の撤去等を後回しにすることもありえます。もし、税務調査で減価償却資

※9 「固定資産の実査」とは、固定資産管理の一環として、定期的に現物の有無の確認を行うことをいいます。固定資産台帳と突き合わせることで、資産の実在性や網羅性が分かります。また、使用状況も確認でき、経営の意思決定に反映させることもできます。

4 資本的支出と修繕費

固定資産の修理、補修、維持、管理するために支出したものは修繕費として計上します。

これらの修繕費は、支出時の損金として税法上処理します。

■修繕費は支出時の費用

■修繕費が全額損金になるとは限らない

修繕費として支出したものでもその全額が損金になるとは限りません。修繕したことによりその資産の使用可能期間を延長したり、または価値を増加させたりする部分があるならば、その部分については、資本的支出として資産計上（この場合は修繕費ではなく、減価償却によって費用配分することになります）する必要があります。

したがって、固定資産の修理等を行う場合には、それが修繕費なのか資本的支出なのかを区分してそれぞれ適切な処理を行うことが必要になります。

■修繕費か否かの判断基準

修繕費は、通常の維持管理および原状回復のための支出となります。

固定資産が除却されていないことが明らかになった場合は、除却損が否認されます。したがって、除却したという事実を確認するためにも、廃棄業者からの廃棄証明を入手するとか、廃棄時の様子を写真に撮るなどして、実際に除却されていることを明確にしておく必要があります。

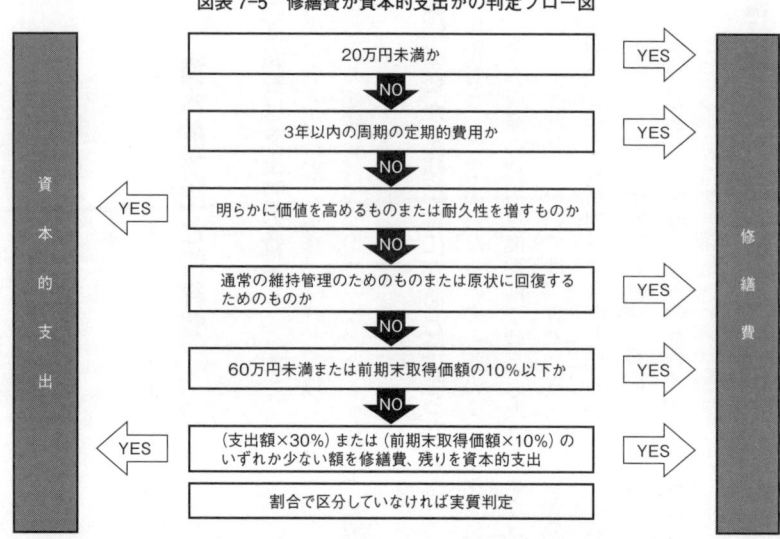

図表7-5　修繕費か資本的支出かの判定フロー図

- 20万円未満か → YES：修繕費
- NO ↓
- 3年以内の周期の定期的費用か → YES：修繕費
- NO ↓
- 明らかに価値を高めるものまたは耐久性を増すものか → YES：資本的支出
- NO ↓
- 通常の維持管理のためのものまたは原状に回復するためのものか → YES：修繕費
- NO ↓
- 60万円未満または前期末取得価額の10％以下か → YES：修繕費
- NO ↓
- （支出額×30％）または（前期末取得価額×10％）のいずれか少ない額を修繕費、残りを資本的支出 → YES：資本的支出
- 割合で区分していなければ実質判定

資本的支出に該当するものは次の通りです。（※10）

① その支出によって、固定資産の使用可能期間を延長させる部分
② その支出によって、固定資産の価値を増加させる部分

■形式基準による判定

実務上、修繕費なのか資本的支出なのかを判断するのに困難な場合があります。修理、補修の支出の中に修繕費部分と資本的支出部分が混在しており、その区分がはっきりせず、どれだけ使用可能期間が延びたのか価値が高まったのか算定するのは難しいです。

そこで、税法上、計算の簡便性を考慮して区分が困難な場合には形式基準による区分判定を認めています。実務上は、図表7-5のような判定フローにしたがって修

※10　具体的な例としては左記の通りです。
・建物の避難階段の取付等物理的に付加した部分の金額
・用途変更のための模様替え等改造または改装に直接要した部分の金額
・機械の部品品を特に品質または性能の高いものに取り替えた場合のその取り替えに要した費用のうち、通常の取り替え費用を超える部分の金額

※11　「リース取引」とは、次の2つの要件を両方満たすものをいいます。
① リース期間中の中途において解約することができないもの等であること。（中途解約禁止要件）
② 賃借人がリース資産からもたらされる経済的な利益を実質的に享受することができ、かつ、リース資産の使用に伴って生ずる費用を実質的に負

第7章　固定資産の取得、減価償却、修繕、除却、リースの処理

図表7-6　法人税法上のリース取引の分類

```
賃貸借取引 ─┬─ リース取引 ─┬─ 所有権移転外リース取引
            │               └─ 所有権移転外リース取引
            │                  以外のリース取引
            └─ リース取引
               以外の賃貸借取引
```

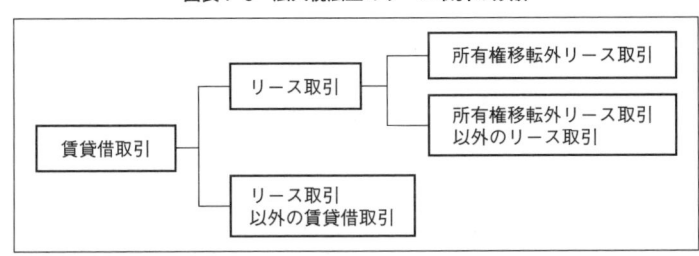

図表7-7　会計上のリース取引の分類

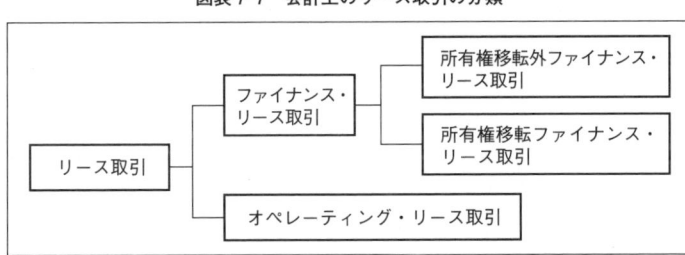

```
リース取引 ─┬─ ファイナンス・ ─┬─ 所有権移転外ファイナンス・
            │   リース取引      │   リース取引
            │                   └─ 所有権移転ファイナンス・
            │                       リース取引
            └─ オペレーティング・リース取引
```

繕費なのか資本的支出なのかを判断します。

5　リース取引

■リース取引の分類

リース取引の区分に応じて税務上の処理が定められているため、リース取引の分類を押さえることが大事です。

法人税法上は、資産の賃貸借取引を「リース取引(※11)」と「リース取引以外の賃貸借取引」に区分します。そして、「リース取引」は、「所有権移転外リース取引(※12)」と「所有権移転外リース取引以外のリース取引」に分類されます（図表7-6）。

経理部員が馴染みのあるリース取引の分類は、リース会計基準で定められているものではなくて

担すべきこととされているものであること。（フルペイアウト要件）

※12　「所有権移転外リース取引」とは、次のいずれにも該当しないものをいいます。

① リース期間の終了時または中途において、リース資産が無償または名目的な対価の額で賃借人に譲渡されるものであること。

② リース期間の終了時または中途においてリース資産を著しく有利な価額で買い取る権利が賃借人に与えられているものであること。

③ リース資産がその使用可能期間中その賃借人によってのみ使用されると見込まれるものであること、またはリース資産の識別が困難であると認められるものであること。

④ リース期間がリース資産の法定耐用年数に比して相当短いもの（賃借人の法人税の負担を著しく軽減することになると認められるものに限ります）であること。

しょうか。リース会計基準では、リース取引をまず「ファイナンス・リース取引」と「オペレーティング・リース取引」に分類します。そして、「ファイナンス・リース取引」は、「所有権移転ファイナンス・リース取引」と「所有権移転外ファイナンス・リース取引」に分類されます（**図表7－7**）。

法人税法上のリース取引の分類と会計上のリース取引の分類は、おおむね同様となっています。ただ用語の言い回しが異なり、リース会計基準上の「ファイナンス・リース取引」は、法人税法上「リース取引」と規定されています。また、リース会計基準上の「オペレーティング取引」は、法人税法上の「リース取引以外の賃貸借取引」です。

■リース取引の処理

法人税法上の「リース取引」については、売買処理されるものと金融取引として処理されるものがあります。

売買処理されるものは、「所有権移転リース取引」と「所有権移転外リース取引」ということになります。

金融取引として処理されるものは、いわゆるセール・アンド・リースバック取引（※13）で、法人が譲受人から譲渡人に対する法人税法上のリース取引による賃貸を条件に資産の売買を行う場合において、その資産の種類、その売買および賃貸に至るまでの事情などに照らし、これら一連の取引が実質的に金銭の貸借であると認められるときは、その売買はなかったものとされ、かつ、その譲受人（＝賃貸人）からその譲渡人（＝賃借人）に対する金銭の貸付けがあったものとされます。

※13 「セール・アンド・リースバック取引」とは、賃借人が所有する物件を一旦賃貸人に譲渡した後に、賃借人から当該物件のリースを受ける取引をいいます。

賃借人は譲渡の前後を通じてリース資産を使用しているという実態は何も変わらず、リース資産を担保として賃貸人から資金調達を行った場合と同様の効果があります。

※14 「残価保証額」とは、リース期間終了の時にリース資産の処分価額が所有権移転外リース取引に係る契約において定められている保証額に満たない場合にその満たない部分の金額を賃借人が支払うこととされている場合におけるその保証額をいいます。

【売買があったものとされる場合の賃貸人の処理】

原則として、リース資産の引渡しを行った時点で収益および費用を認識します。また、リース譲渡は長期割賦販売等に含まれますので、通常の延払基準の方法、リース譲渡に係る延払基準の方法またはリース譲渡に係る収益および費

■売買があったものとされる場合の賃借人の処理

法人税上、リース資産の賃貸人から賃借人への引渡しの時にそのリース資産の売買があったものとされます。これによって、賃借人は、リース資産を自己の減価償却資産として計上し、リース取引の区分に応じて減価償却を行います。

① 所有権移転外リース取引の償却方法…リース期間定額法

【計算式】

(取得価額-残価保証額[※14])／リース期間の月数×事業年度におけるリース期間の月数

② 所有権移転外リース取引以外のリース取引の償却方法（定額法、定率法など）選定している償却方法（定額法、定率法など）

なお、平成19年度税制改正前の「所有権移転外リース取引」は、売買処理ではなく賃貸借処理となっていました。経済的実体が売買取引であるという認識から、リース会計基準の見直しと平仄を合わせる形で変更となりました。この結果、平成20年4月1日以降契約を締結する「リース取引」については、原則、売買処理となります。

■会計上、賃貸借処理に係る方法に準じて会処理を行っている場合

会計上、リース会計基準に基づいて、少額資産のリースや短期のリース等、リース資産に重要性が乏しいと認められる場合の特例を適用し、賃貸借処理に係る方法に準じて会計処理を行っている場合があります。この場合、税務上は、賃借人である法人がリースの額を賃借料などの科目で損金経理していても、そのリース料の額は減価償却費として損金経理しているものとして取り扱われます。すなわち、賃貸借処理を行っていたとしても特段税務調整をすることなく、会計処理のままでよいことになります。

用の計上方法の特例による方法で計上を行います。

※15 少額資産のリースや短期のリース等、リース資産に重要性が乏しいと認められる場合とは、次のものをいいます。

① 重要性が乏しい減価償却資産について購入時に費用処理する方法が採用されている場合で、リース料総額がその基準額以下である場合のリース取引

② リース期間が1年以内のリース取引

③ 企業の事業内容に照らして重要性に乏しいリース取引で、リース契約1件当たりのリース料総額が300万円以下のリース取引

■リースと購入の損得計算を行う

一般にリース料の総額は、その物件を購入した場合に比較して割高になると言われています。しかし、リース利用のメリットとして次のようなものがあります。

① 資金の効率的運用
② 資金繰りの改善
③ 資金調達が容易にできる
④ コストが正確につかめる

一方、コスト高に加えて次のようなデメリットもあります。
①担保、売却などの資産所有の利点が生かせない
②中途解約が原則としてできないので資産の取り替えが不自由
③優遇税制の適用が制限されるものがある

こうしたリース利用のメリット、デメリットを踏まえたうえで、リースか購入かの検討を行う必要があります。

■リース資産の管理も怠りなく
リース資産については、購入した固定資産の様に管理しようという意識が希薄になりがちです。これによって、リース資産台帳の整備不足、リース契約の内容について毎年の検討を失念する、中途解約のキャンセル料に対する認識不足などの問題が起こりやすくなります。リース資産といえども年に1回は現物確認を行うなどの資産管理を適切に実施する必要があります。

第8章 寄附金その他の処理

1 寄附金の損金算入には制限がある

■支出相手により損金になる範囲が異なる

会社は社会の一員でもあり、地域社会へ寄附という形で社会貢献を行うことがあります。

しかし、このような寄附金を無制限に損金として認めると、法人税の税収が減少し、結果的に国がその税収相当分寄附の相手先（受贈者）を補助する形になってしまいます。

しかも、寄附をした会社は自由に課税所得を減らせるということになると課税の公平性が失われます。

そこで、税法上は、公益性を勘案しながら、支出する相手先によって、損金算入の限度額を設けています。損金算入の限度額の対象となるかどうかの相手先の区分は図表8−1のとおりです。

■国等への寄附金は全額損金算入される

国や地方公共団体への寄附金と指定寄附金は、上記のとおり、損金算入限度額の対象となりません。つまり支出した金額の全額が損金算入となります。

※1 「損金算入限度額」は次のように計算します。

①特定公増進益法人等に対する寄附金の損金算入限度額

$$\left(当期の所得金額（注1）\times \frac{6.25}{100} + 期末の資本金等の額（注2）\times \frac{3.75}{1,000}\right) \times \frac{1}{2}$$

②一般の寄附金の損金算入限度額

$$\left(当期の所得金額（注1）\times \frac{2.5}{100} + 期末の資本金等の額（注2）\times \frac{2.5}{1,000}\right) \times \frac{1}{4}$$

（注1）「所得金額」とは、寄附金支出前の所得金額をいいます。
（注2）「資本金等の額」とは、資本金および資本剰余金の期末時点の額をいいます。

図表8-1　寄附金の損金算入限度額の対象となるかどうかの区分

限度額計算の対象にならない寄附金 （全額損金算入）	①国や地方公共団体への寄附金 ②指定寄附金（公益法人等に対する寄附で財務大臣が指定したもの）
限度額計算の対象になる寄附金 （限度額まで損金算入）	③特定公益増進法人（注1）および認定NPO法人（注2）への寄附金 ④上記①から③以外の一般の寄附金
子会社等に対する寄附金 （全額損金不算入）	⑤グループ法人税制の適用対象となる法人に対する寄附金（P.189参照） →寄附する法人では損金不算入となりますが、寄附を受ける法人側では、益金不算入となります。 ⑥50％以上出資等の外国子会社等に対する寄附金 →移転価格税制（p.184参照）との兼ね合いで、全額損金不算入となります。

（注1）「特定公益増進法人」とは、公共法人、公益法人等（一般社団法人及び一般財団法人を除きます。）その他特別の法律により設立された法人のうち、教育または科学の振興、文化の向上など公益の増進に著しく寄与する法人をいい、日本赤十字社、日本育英会などがあります。

（注2）「認定NPO法人」とは、NPO法人（特定非営利活動法人）のうち、広く一般から支持され、活動や組織運営が適正であるとして、所轄庁（旧国税庁長官、現都道府県知事または指定都市の長）の認定を受けている法人をいいます。

国や地方公共団体への寄附金の例としては、市町村の学校の講堂建設のための寄附などがあげられます。

指定寄附金は、公益を目的とする事業を行う法人・団体に対する寄附金のうち、①広く一般に募集されること、②教育や科学の振興や文化の向上など公益の増進に寄与する支出で緊急を要するものに充てられることが確実であること、という要件を満たす、財務大臣が指定したものです。たとえば、赤い羽根の共同募金などがあげられます。

■ **税法上の寄附金は名称に関係なく実質で判断する**

税法上の寄附金は、一般的な寄附金の概念よりも、その範囲は広くなっています。

右記の算式は平成24年4月1日以後開始事業年度から適用される限度額計算です。平成24年3月31日以前に開始する事業年度の限度額の計算は次のとおりです。

①特定公益増進法人等に対する寄附金の損金算入限度額

$$\left(当期の所得金額 \times \frac{5}{100} + 期末の資本金等の額 \times \frac{2.5}{1,000}\right) \times \frac{1}{2}$$

②一般の寄附金の損金算入限度額

$$\left(当期の所得金額 \times \frac{2.5}{100} + 期末の資本金等の額 \times \frac{2.5}{1,000}\right) \times \frac{1}{2}$$

第8章 寄附金その他の処理

図表8-2　税法上の特殊な寄附金の例

内　容	具　体　例	寄附金となる額
①金銭以外の資産、サービスの提供		
無償で譲渡	51％所有の子会社に対して親会社が時価1,000万円（帳簿価額200万円）の土地を無償で譲渡した。	1,000万円が親会社から子会社に対する寄附金となります。 →贈与した資産の時価相当額が寄附金となります。
低額で譲渡	51％所有の子会社に対して親会社が時価1,000万円の土地を100万円で譲渡した。	900万円が親会社から子会社に対する寄附金となります。 →時価から取引価格を差し引いた額が寄附金となります。
高額で買い入れ	51％所有の子会社から時価100万円の土地を1,000万円で買い入れた。	900万円が親会社から子会社に対する寄附金となります。 →取引価格から時価を差し引いた額が寄附金となります。
②権利関係等		
債権放棄 債務の引き受け 損失負担	51％所有の子会社が解散し、子会社に対して親会社が1,000万円の債権を放棄した。	相当な理由があると認められる場合（注1）を除き、1,000万円が親会社から子会社に対する寄附金となります。 ただし相当な理由があると認められる場合は、貸倒損失として損金算入できます。
無利息の貸付	51％所有の子会社に対して親会社が無利息で貸し付けた。	相当な理由があると認められる場合（注1）を除き、利息相当額（注2）が親会社から子会社に対する寄附金となります。

（注1）「相当な理由があると認められる場合」とは、親会社が子会社等（資本関係、取引関係、資金関係等において事業関連性のある会社をいいます。）の解散や経営権の譲渡などにより、子会社等に対する債権放棄や損失負担や無利息の貸付などをした場合、それをやらなければ今後より大きな損失を被ることが明らかなケースや、子会社等の倒産を回避するためにやむを得ず行うもので、合理的な再建計画に基づいており、その支援等を行うことについて相当な理由があるケースをいいます。これらの場合には、その債権放棄や無利息貸付により得られる経済的な利益の額や損失負担額は寄附金となりません。

（注2）「利息相当額」は、その貸付が他からの借入金で貸し付けている場合には、その借入金の利率、それ以外の場合には、会社の借入状況や市中金利の動向等の事情を勘案した利率となります。

名称はどうあれ、実質で判断し、拠出金、見舞金などほかの名目で支出されても、寄附金の性格をもっていれば寄附金となります。また寄附の形は金銭だけでなく、金銭以外の資産を贈与した場合や借金を免除する債務免除、金銭の無利息の貸付けなどの経済的な利益の供与も寄附金になります。

具体的に税法上の特殊な寄附金の考え方をまとめたものは**図表8−2**です。

■個人が負担すべき寄附金を会社が支払うと賞与となる

一方、同族会社（P.157参照）などで起こるケースですが、社長や役員個人に対して依頼された寄附を会社が肩代わりした場合は、寄附金ではなく、社長や役員個人への賞与（損金不算入）となりますので留意が必要です。

■寄附金の未払計上は税務では認められない

寄附金は、実際に支払いがあったときに支出したものとされ、いわゆる現金主義な考え方がとられています。ですから、未払計上の寄附金は損金不算入となり、実際に支払いのあった事業年度に損金に算入できます。手形払いの寄附金も、実際に手形が決済されるまでは寄附金の支出はなかったものとされます。

■仮払寄附金は支払い年度の寄附金

支出した寄附金をすぐに費用としないで、いったん仮払金や前払費用などで経理処理することがあります。税務では、このように費用計上されていない場合であっても実際に支払っていれば、申告書上で税務調整を行って寄附があったものとして法人税の申告をしま

第8章 寄附金その他の処理

図表8-3　未払金・仮払金の経理関係

(設例)
- 会社は、20万円を会計上の寄附金に計上
- このうち5万円は現金で、5万円は未払金に
- このほかに3万円の寄附金を仮払金勘定で支払った（未払金は翌期に支払う）

会計上の寄附金20万円

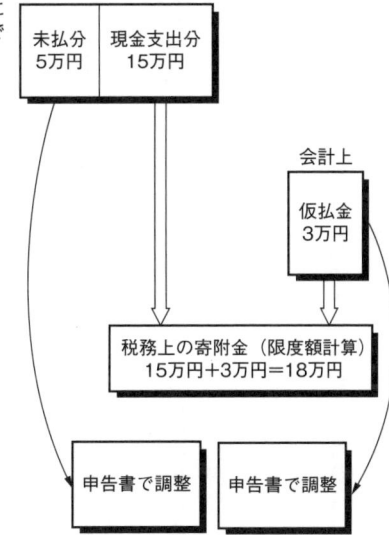

| 未払分 5万円 | 現金支出分 15万円 |

会計上
仮払金 3万円

税務上の寄附金（限度額計算）
15万円＋3万円＝18万円

申告書で調整　申告書で調整

(税務上の処理)

当期	① 未払寄附金5万円を申告書で加算 ② 仮払寄附金3万円を申告書で減算 ③ 税務上の寄附金18万円で限度額計算
翌期	① 未払寄附金から支払った5万円を含めて限度額計算 ② 前期未払寄附金分を申告書で減算

この取扱いは、会社が恣意的に寄附金の計上年度を操作できるとすれば、利益調整が可能になってしまいますから、それを排除するためのものです。未払金・仮払金での経理関係を**図表8－3**に示します。

2 支払税金の処理

■損金算入の税金と損金不算入の税金がある

税金は、企業会計上はすべて費用として扱います。法人税法でも会社が納める税金（租税公課）は、原則として損金に算入できます。

しかし、法人税や住民税など一定の税金は「別段の定め」を設けられ、損金の額に算入できません。

どの税金が損金算入できて、どの税金が損金不算入なのかをまとめたものが**図表8－4**です。

法人税や住民税、延滞税等が損金とならないのは次のような理由からです。

① 法人税や住民税などが損金算入されると、前期の所得にかかった法人税や住民税が差し引かれますから、年度によって所得にバラつきが生じてしまい、安定した財政収入を見込むことがむずかしくなるため

② 延滞税や過少申告加算税、無申告加算税、重加算税等（P.177参照）は一種のペナルティーなので、損金算入を認めると、ペナルティーとしての効果や意味合いが減殺されてしまうため

■損金算入できる税金と損金算入時期

損金算入が認められる租税公課は、租税債務の確定した日の属する事業年度において損金の額に算入されます。具体的には以下のような取扱いになります。

① 法人事業税、地方法人特別税、事業所税などの申告納税方式（P.12参照）の租税公課は申告書を提出事業年度（更正や決定（P.174参照）があった場合はそれらがあった事業年度）。したがって、当期分の法人事業税、地方法人特別税、事業所税は、翌期に入ってから（3月決算の会社なら原則として5月に）申告・納付をしますので、翌期において損

図表8-4　損金算入できる税金と損金不算入の税金

	損金不算入の税金	損金算入の税金
①法人税	・本税 ・復興特別法人税 ・延滞税 ・過少申告加算税 ・無申告加算税 ・重加算税	—
②道府県民税 　市町村民税	・本税 ・延滞金 ・過少申告加算金 ・無申告加算金 ・重加算金	・納期限延長の場合の延滞金
③事業税	・当事業年度の確定申告分（未払事業税）	・当年度前の各年度分 ・当年度の中間申告分（未納付分も可）
④源泉所得税	・各種加算税 ・税額控除を選択する場合の所得税および復興特別所得税と外国法人税額	・税額控除を選択しない場合の所得税および復興特別所得税と外国法人税額
⑤その他	—	・消費税 ・地方消費税 ・固定資産税 ・自動車税 ・都市計画税 ・不動産取得税 ・利子税

② 固定資産税、都市計画税、不動産取得税などの賦課課税方式（P.12参照）の租税公課

(a) 原則　賦課決定のあった事業年度

(b) 特例　損金経理を要件に、納期の開始日（納期が分割されているときは、それぞれの納付の開始日）または実際の納付日の属する事業年度

金算入をすることができます。

● 節税ポイント

■ 分割納付の場合の租税公課の処理で節税を図ろう

たとえば60万円の固定資産税の納税通知を受け、4月、7月、12月、翌年2月の4回にわたって納期が定められているため15万円ずつ分割納付する場合（事業年度は1月から12月）下記のように処理すれば、その事業年度中にまだ未納付の部分があったとしても（このケースでは翌年2月の納期分）損金算入が認められ、節税につながります。

```
①納税通知を受けたときに
  （借方）租税公課　60万円
    （貸方）未払金　60万円
②実際の納付をしたときに
  （借方）　未払金　15万円
    （貸方）現金預金　15万円
```

130

3 前払費用は支出時の損金に、消耗品費も購入時の損金にできる

■1年以内の短期前払費用は損金算入できる

3月末決算の会社が賃貸借契約の定めに従って、1月から3月までの分は当期の費用ですが、4月から6月までの家賃を支払った場合、1月から3月までの分は当期の費用ですが、4月から6月までの家賃はまだ提供されていない役務（まだ住んでいない期間のこと）に対するものとなります。これを前払費用といいます。(※2)

企業会計上4月から6月分は原則前払費用として資産計上します。しかし、重要性の乏しい前払費用については費用計上でも構わないとされています。

そこで税務でも、支払った日から1年以内に役務提供を受ける前払いの費用（税務ではこれを一般的に「短期前払費用」と呼んでいます）を資産計上せず、費用計上したときは、継続適用を条件として、その支出日の属する事業年度において損金算入することを認めています。

ですから右のケースですと、翌期の4月から6月までの家賃は継続適用をしていれば、当期の損金に算入することができます。(※3) この制度を採用すれば、早期費用化が可能となり、節税面で有利です。

なお、短期前払費用の適用を受けることができる費用は、このほかに地代、保険料、支払利息などがあります。

※2 「前払費用」とは、一定の契約にしたがい継続して役務の提供を受ける場合に、未提供の役務に対して支払った対価のことをいいます。

※3 このケースは、賃貸借契約に基づき半年分を支払うことにしましたが、通常は翌月分を当月払いという場合が多いでしょう。その場合は、決算月の3月に4月分の家賃を支払いますので、この1カ月分の家賃を費用計上した場合は、損金算入ができます。

4　税務上の繰延資産には2種類ある

■消耗品費も買ったときの損金にできる

消耗品などの棚卸資産は、年度末にその在庫高を確認し、期中に使ったものを費用に計上します。そしてその期に使わずに翌期に持ち越される分（期末在庫分）は「貯蔵品」として資産に計上します。

しかし、税務では、このような消耗品については、毎期だいたい一定の数量を買って、ふだんどおり消費されるなら、棚卸手続きを省略しても、所得に与える影響は少ないと考えて、購入時に費用化してもよいとされています。

適用の際に注意すべきこととして、消耗品を購入したときの費用化は継続的に行うことが条件だということです。所得金額の多少で、購入時の費用としたりしなかったりした場合や、所得を少なくするために期末直前に多量の購入をする場合には、損金になりません。

この制度は、早期費用化という節税の観点からはもちろん、棚卸手続きの省略という業務の簡素化の面からも有効ですが、税務上の有利さだけに目を奪われて、消耗品の予算管理がルーズにならないようにすることが、経営上はより重要です。

■繰延資産は効果が1年以上の費用

会計では、費用収益対応の原則から、費用の効果のある期間にわたって配分する処理をします。この考え方に基づいたものが繰延資産です。税務でも同じように効果が翌期以降にも及ぶ費用は一度に損金にせずに、効果の及ぶ期間にわたって償却していくという考え方があります。法人

※4　取得時の損金に算入できる消耗品の例は以下のとおりです。
①事務用消耗品…用紙、筆記具など
②作業用消耗品…手袋、タオル、作業服など
③梱包材料…販売や搬送保管の際に使用される包装紙、ひも、テープなど。ただし、びん、化粧箱、その他製品の最終形態の一部を形成する容器は含みません。
④広告宣伝用印刷物…チラシ、商品パンフレット、会社概要など
⑤見本品…広告宣伝の目的でメーカーが小売店を通じて消費者に無償で配布するサンプル・試供品など。いわゆる添付品として医師等に配布する試供品などのように、実質的に有償で頒布することを目的とするものは含みません。

税法上は、繰延資産は、会社が支出する費用のうち、支出の効果が支出の日以後1年以上に及ぶものと定義されています(※5)。

税務上の繰延資産は、①会計上の繰延資産のほかに、②税法特有の繰延資産を含みます。

※5 もっとも、効果が1年以上あっても、資産の取得価額となるものや、前払家賃のような前払費用は、繰延資産には含みません。

図表8-5　繰延資産の償却限度額の計算

①会計上の繰延資産の償却限度額
　繰延資産の額－前期までの償却額
②税法特有の繰延資産の償却限度額
　繰延資産の額 × (その事業年度の月数) / (支出の効果の及ぶ期間(償却期間)の月数)
（注）1カ月に満たない端数は1カ月とします。

図表8-6　繰延資産の内容と償却方法、償却期間

①会計上の繰延資産	具体的な内容	償却方法
創立費	創立時の設立登記費用、発起人の報酬など	随時償却
開業費	設立から開業までの期間の開業準備費用	
開発費	新技術、資源開発などのための特別な費用	
株式交付費	株券等の印刷費、増資登記費用	
社債等発行費	社債券等の印刷費、その他債券の発行費用、新株予約権発行費用	

②税法特有の繰延資産	具体的な内容	償却期間
公共的・共同的施設負担金	公共的施設…道路・堤防などの負担金 共同的施設…会社が帰属する協会・組合の負担金や一般公衆の用にも供されるアーケード、日よけなど共同施設の負担金	公共的施設…負担者が専ら使用する施設の場合は耐用年数の70％、そうでない場合は耐用年数の40％ 共同的施設…耐用年数の70％（アーケードや日よけなどは最長5年）
建物賃借のための権利金等	建物を借りるための礼金、権利金など	一般的な礼金や敷引きなどは5年（契約更新時にあらためて権利金の支払いが必要な場合はその賃借期間）、借家権として転売可能な場合等は建物の耐用年数の70％など
役務の提供を受けるための費用	ノーハウの頭金等	最長5年
広告宣伝資産の贈与費用	看板、ネオンサイン、陳列棚など	その資産の耐用年数の70％（最長5年）
自己が便益を受けるための費用	同業者団体への加入金、出版権の設定の対価など	同業者団体への加入金は5年

つまり、税務上の繰延資産の方が、会計上の繰延資産よりも範囲が広くなっています。

■償却のしかたは繰延資産の種類による

前項で説明したとおり、繰延資産は支出の効果の及ぶ期間にわたって費用として償却していくことになりますが、この償却費として損金経理した金額のうち、償却限度額までとなります。この償却限度額は次のように区別して計算します。

① 会計上の繰延資産…随時償却が認められており、その繰延資産の金額から前期までの償却額を差し引いた額がそのまま償却限度額となります。

② 税法特有の繰延資産…費用の支出の効果の及ぶ期間の月数を基礎として、毎期均等償却することになっています。

これら2つの区分の具体的な償却限度額の算式については**図表8—5**のとおりです。

なお、繰延資産の償却費の損金算入については、損金経理が要件となっています。また、支出額が20万円未満の繰延資産は、支出時に損金経理をした場合には、一時に損金算入ができます。

一般的には、税法特有の繰延資産は効果の及ぶ期間、つまり償却期間が決まっているのですが、決まりのない繰延資産もあります。たとえば、固定資産を利用するために支出した繰延資産はその固定資産の耐用年数、一定の契約をするのにあたり支出した繰延資産は、その契約期間を基礎として償却年数を適正に見積もる必要があります。

繰延資産の内容と償却方法、償却期間をまとめたものが**図表8—6**です。

第8章 寄附金その他の処理

図表8-7 上場株式（売買目的外有価証券）の時価が下落した場合

| 帳簿価額 1,000 万円
期末時価 700 万円 | 【会計】
差額300万円を評価損として計上 | 【税務】
評価損300万円は損金不算入（申告書で加算調整） |

図表8-8 評価損を損金算入することができる場合

区　分	損金算入の要件
上場株式等	価額が著しく下落して、次の①および②を満たし、会計上、評価損を計上したこと。 ①期末の時価が帳簿価額のおおむね50％相当額を下回っていること ②近い将来その価額の回復が見込まれないこと
非上場株式等	発行法人の資産状態が著しく悪化したため、その価額が著しく低下し、会計上、評価損を計上したこと。

5　有価証券の評価損が計上できるケース

■有価証券の評価損が計上できる要件は厳しい

有価証券は保有目的により売買目的有価証券（※6）と売買目的外有価証券（※7）の2つに区分されます。そして、区分ごとに期末の評価方法が異なります。

売買目的有価証券の場合は、期末時点の時価が帳簿価額より低い場合には、その差額を評価損として計上し、税務上も損金算入することができます。逆に時価が帳簿価額を上回った場合には、その差額を評価基準として計上し、益金に算入します（時価法）。

一方、売買目的外有価証券については、原価法により帳簿価額により評価しますので、**図表8-7**のように、株式（売買目的外有価証券）の時価が大きく下落して、評価損益を計上したとしても、原則

※6　「売買目的有価証券」とは、短期的な価格の変動を利用して利益を得る目的で取得する有価証券のうち一定の要件を満たすものをいいます。
売買目的有価証券は時価法によって期末評価を行います。

※7　「売買目的外有価証券」とは、長期間保有する目的などで所有する有価証券で売買目的有価証券以外のものをいいます。
売買目的外有価証券は原価法（帳簿価額により評価する方法）によって期末評価を行います。
なお、社債（償還有価証券）の場合は償却原価法により期末評価を行います。

として、その評価損益を損金や益金に算入することはできません。

これは、将来、その株式の時価が回復するかもしれないような場合、つまりその評価損が確定した損失とはいえない場合には、その評価損益を損金に算入することはできないという考え方によるからです。

しかし、上場株式等で時価が帳簿価額のおおむね50％を超え、かつ、その下落が一時的なものではなくて、もはや回復する見込みがないというのであれば、その評価損を損金に算入できます。たとえば、その株式の発行会社が倒産して上場廃止になるなど、株式がいわば紙くずになってしまったような場合には、時価が回復することはありえませんので、その評価損を損金に算入することができます。

以上の税務上の取扱いをまとめたものが、図表8－8です。

● 節税ポイント
■ 上場株式の評価損を損金算入できないか検討する

上場株式の場合、会計上、評価損を計上しても、原則として税務上はそれを損金算入できません。

図表8－8の要件を満たせば、税務上も損金算入できるのですが、期末の時価が簿価の50％を下回るかどうかは容易に把握できても、「近い将来その回復可能性がない」ことを証明するのは至難のわざであるため、損金算入の要件を満たしていることを明確に証明できるケースが少ないからです。

このため、これまで実務上は、株価が過去2年間にわたり50％程度以上下落した状

況にある場合に限り評価損を損金算入するとか、あるいは、税務リスクをなるべく負わないようにするため、評価損の損金算入は行わないというのが一般的でした。しかし、こうした実務のあり方は法律の規定が不透明なことに起因するものですから必ずしも好ましいものではありません。

そこで国税庁から平成21年4月に「上場有価証券の評価損に関するQ＆A」という指針が公表され、回復可能性についての判断基準が示されました。

この指針によれば、株価の回復可能性がないことについて、会社から過去の市場価格の推移や市場環境の動向、発行法人の業況等を総合的に勘案した合理的な判断基準が示される限りにおいては、税務上その基準は尊重されることとなりました。また、専門性を有する第三者である証券アナリストなどによる個別銘柄別・業種別分析や業界動向に係る見通し、株式発行法人に関する企業情報などを用いて、当該株価が近い将来回復しないことについての根拠が提示される場合等も合理的な判断として認められるものとされました。

さらに、この回復可能性の判断は、あくまでも各事業年度末時点において合理的な判断基準に基づいて行うものであることが明確にされました。このため、翌事業年度以降に株価の上昇などの状況の変化があったとしても、評価損として損金算入した処理を遡って是正する必要はありません。

会計上、計上した上場株式の評価損を合理的な判断基準に基づいて損金算入することができれば、大きな節税になるのはいうまでもありません。経理部の腕の見せ所ということができます。

図表8-9　レジャークラブなどの入会金等の処理区分

区分		社交団体	ゴルフクラブ	レジャークラブ
入会金	①法人会員としての入会金	交際費	資産	資産
	②個人会員としての入会金	給与	給与	給与
	③個人会員制度しかなく、業務上入会が必要なとき	交際費	資産	資産
年会費等	①入会金が給与に当たるとき	給与	給与	便途に応じて、交際費、福利厚生費、給与となる
	②①以外のとき	交際費	交際費	
利用料、プレー費等	①業務上必要なとき	交際費	交際費	
	②①以外のとき	給与	給与	

6　会費などの処理

■レジャークラブの入会金等は内容により経理処理が異なる

会社は、役員や従業員の福利厚生の一環として、社外の娯楽施設を継続的に利用することがあります。その代表例が、社交団体、ゴルフクラブ、レジャークラブなどです。会社がこれらの入会金、会費、プレー費等を負担したときは、それぞれの支出年度で図表8-9のように処理します。この図表をご覧頂くとおわかりのように、たとえば入会金という名目であっても、入会金の内容に応じて処理する科目が異なりますので注意が必要です。

これらのほか、同業団体、協会、連盟などへの通常会費(※8)は原則として支出年度の損金に算入できますが、その団体等に多額の剰余金があるときは、剰余金の額が適正になるまで前払費用で処理することが必要です。そして、通常会費以外の特別会費(※9)を支出したときは、いったん前払費用として計上します。その後その同業団体等が業界の関係

※8　「通常会費」とは、同業団体等がその構成員のために行う広報活動、調査研究、研修指導、福利厚生費など通常の業務運営のための経常的な費用にあてるための会費をいいます。

※9　「特別会費」とは、同業団体等が次のような目的のために支出する費用にあてるための会費をいいます。
①会館その他特別な施設の取得など
②会員相互または業界の関係先等との懇親など
③政治献金その他の寄附

先との懇親のために飲食代を支払ったということであれば、交際費として処理する必要があるというように、実際の費途に応じて処理すべき科目を決定します。

■罰金や賠償金には損金になるものとならないものがある

会社に課せられた罰金、科料、過料、交通反則金などは損金算入ができません。理由は附帯税（P.175参照）と同様、罰金等の損金算入を認めると、ペナルティーとしての効果が減殺されてしまうためです。業務遂行中に役員や従業員に対して課された罰金も損金不算入となります。たとえば、従業員が商品の納品の最中に駐車違反をして反則金を納めることとなり、その反則金を会社が負担した場合などです。

他方、会社が役員や従業員の起こした事故の賠償金を負担した場合は、事故が会社の業務に関連したものかどうか、故意や重過失であったかどうかで、次のように処理します。

① 会社の業務に関連があり、従業員等に故意や過失がないときは損金算入できます。
② 会社の業務に関連がないか、あっても従業員等に故意や過失があったときは、従業員等への給与として損金算入できます（源泉徴収が必要になります）。

なお、事故の示談が成立するまでに内払いした金額は、支払い時に損金算入できますが、保険金収入が見込まれるときは、保険金見積額を益金に計上しなければなりません。

■海外渡航費は給与になることがある

企業活動のグローバル化に伴い、会社の役員や従業員が商談などのために海外へ出張する機会も増加しています。この海外出張のために支出される運賃、宿泊費、滞在費、支度金、出国手続きに要する費用など海外渡航費の取扱いについては、税務上、国内の出張費

と異なり特別な規定を設けています。

税務上、海外渡航費は、その渡航が業務の遂行上必要と認められる場合には損金算入することができます。

海外渡航費が会社の業務遂行上必要なものかどうかは、その旅行の目的、旅行先、旅行経路、旅行期間、参加費用の額などに基づき総合的にみて判断されます。

たとえば、国際会議や海外セミナーなどへの参加であっても個人的な地位に基づいて出席するものについては業務上必要とは認められませんし、工場や店舗などの偵察、見学などであっても、観光の合間に簡単に見学する程度であれば、それも業務遂行上必要とはいえないでしょう。

海外偵察等と合わせて、観光が行われるケースでは、業務従事割合（※10）を求め、業務従事割合を参考にした損金算入割合を使用して、一定の基準に従い、損金算入限度額を計算します。損金算入割合が90％以上の場合には、旅行に通常要する費用の全額を損金算入できますが、90％未満の場合には、損金算入に制限が出てきます。損金算入限度額を超えた部分については、使用人または役員の給与となります。この場合、役員については基本的には損金算入することができません。

● 節税ポイント

■ 出張報告書の詳細な記載が節税につながる

本文で記載したとおり、損金算入割合により損金算入額が制限される可能性があり

※10 「業務従事割合」は業務に従事したと認められる日数と観光を行ったと認められる日数を区分し、その合計の日数のうちに、業務に従事したと認められる日数が何日あるのかという割合より求めます。

第8章 寄附金その他の処理　141

ます。業務に従事したと認められる日数にもれがないよう詳細な出張報告書を記載してもらい、保管しておくことにより、損金算入割合が正しいことを説明できるようにしておきます。

7　外貨建取引

■**外貨建取引は原則として、取引時点の為替レートで換算する**

外貨建取引とは、外国の通貨で支払いが行われる資産の販売や購入、お金の貸付け、借入れなどの取引をいいます。このような外貨建取引を行った場合や外貨建ての債権や債務のある会社は、財務諸表に表示するにあたって円に換算することが必要です。このように外貨表示の金額を円に換算することを、外貨建取引の換算や外貨建債権債務の換算といいます。この換算には、外国為替の売買レートが用いられますが、レートは日々変動するため、為替差損益といわれる利益や損失が生じることがあります。この為替差損益は当然課税所得に含まれるので、換算の方法が問題となります。①取引の発生時、②期末時、の2つの時点における換算方法について、それぞれみていきましょう。

① 取引の発生時の換算

(a) 原則…取引を行った時点の為替レートにより円換算します。この場合の円換算額はTTM（電信売買相場の仲値）を用いるのが原則です。

(b) 例外…継続適用を前提に、収益・資産についてはTTB（電信買相場）、費用・負債についてはTTS（電信売相場）によることができます。
（※11）

※11　合理的と認められれば、たとえば次の為替レート（TTS、TTBまたはTTM）によって換算することもできます。
・前週末レート
・当週の初日レート
・前月平均レート
・前週平均レート等

図表 8-10　税法と会計の期末換算方法の比較

法人税			企業会計	
法人税上の区分		換算方法	企業会計上の区分	換算相場
外貨建債権債務		発生時換算法または期末時換算法（注1）	外貨建金銭債権債務	決算時レート
外貨建有価証券	売買目的有価証券	期末時換算法	売買目的有価証券	決算時レート
^	売買目的外有価証券 — 償還期限および償還金額の定めのあるもの	発生時換算法または期末時換算法（注2）	満期保有目的の外貨建債券	決算時レート
^	売買目的外有価証券 — 上記以外	発生時換算法	その他有価証券	決算時レート
^	^	^	子会社株式および関連会社株式	取得時レート
外貨預金		発生時換算法または期末時換算法（注1）	外貨預金	決算時レート
外国通貨		期末時換算法	外国通貨	決算時レート

（注1）法定換算方法は短期（満期日が決算日から1年以内に到来するもの）のものが期末時換算法、長期（満期日が決算日から1年を超えて到来するもの）のものが発生時換算法になります。
（注2）法定換算方法は発生時換算法になります。

② 期末時の換算

外貨建取引を行った場合には、原則として確定申告書の提出期限までに所轄税務署長あてに、よるべき換算方法の届出をする必要があります。もし、届出を行わず法定換算方法となった場合は、法定換算方法により期末換算することになります。届出を行わなかった場合には、区分によって会計と税法で換算方法が相違するものが発生し、申告調整が必要になり、手間が生じますので、注意が必要です。

税法と会計の期末換算方法を比較した表は図表8－10のとおりです。

8　受取配当金は原則として益金とされない

■受取配当金が益金とされないのはなぜか

会社が受け取る配当は、会計上は「受取配当金」として営業外収益に計上されます。

税務上は、この配当金は原則として益金に入れない（益金不算入）扱いになっています。

これは次のような理由によるものです。

個人株主が、法人Aの株式を保有し配当を受け取った場合（図表8－11の①）、その配当は、所得税法上、その個人の「配当所得」として課税の網にかかります。しかしその配当は、法人Aで既に課税された後の所得から分配されたものなので、個人の段階で配当所得を課税すると、二重課税となってしまいます。そこで、所得税では配当控除という税額控除制度を設けて二重課税を回避しています。

一方、その個人株主と法人Aの間に、さらに法人Bが介在したとしましょう（図表8－11の②）。もし、受取配当金の益金不算入制度がなかったとしたら、課税関係はどうなる

図表8-11 受取配当金にかかる課税関係

```
                    ①配当
   ┌─────┐ ──────────────→ ┌─────┐
   │ 法人A │                  │個人株主│
   └─────┘  ②配当    配当    └─────┘
   法人税課税 ↓    ┌─────┐    ↑   配当控除により
             └──→ │ 法人B │────┘   二重課税排除
                   └─────┘
                益金不算入により
                 二重課税排除
```

でしょうか。介在した法人Bが法人Aから受け取る配当金にさらに法人税が課されることとなります。これにより法人Bが個人株主に配当する原資が減ってしまうことになりかねません。そうすると、個人株主が法人Aの株式を直接保有していた場合と比べて配当原資が少なくなってしまい、間に法人Bが介在することで不利になってしまいます。そこでこのようなことがないように、法人Bの段階で受取配当金を益金不算入にすることでこの問題を解決しているわけです。

なお、受取配当金の益金不算入の扱いを受けるためには、確定申告書に受取配当金の益金不算入額およびその計算明細を記載した明細書を添付することが必要です。

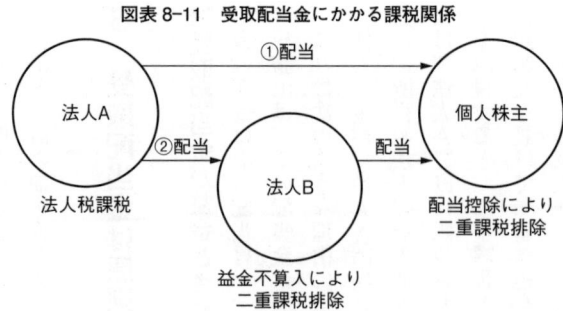

■益金不算入となる受取配当金と益金不算入の範囲

益金不算入とされる受取配当金は、次のとおりです。

① 内国法人・外国子会社(※12)から受ける利益の配当、剰余金の配当・分配

② 証券投資信託(公社債投資信託、貸付信託、外国投資信託等は除きます)の収益分配金

③ たとえば会社の合併などにより金銭等の交付を受けた場合に配当とみなされる部分の

※12 「外国子会社」とは、内国法人が外国法人の発行済株式等の25%(租税条約(P.185参照)等で持株割合要件が緩和されている場合はその緩和された割合。例:米国10%)以上の株式等を配当等の支払義務が確定する日以前6カ月以上引き続き直接保有している場合の外国法人をいいます。保有割合が25%以上の株式を、配当の効力発生日以前6カ月以上所有し続けている場合の法人をいいます。

金額（みなし配当）

また、益金不算入にできる範囲は、100％子会社の株式等と25％以上100％未満の関係会社の株式等に関しては、全額が益金不算入の対象となりますが、その他の一般の株式等については、その50％だけが益金不算入の対象となります。

なぜ一般の株式等については半分に限定されているのかといえば、資産運用の視点で考えると、他の運用資産である社債や預金の利息が益金算入であることとのバランスであるといわれています。

■短期所有株式等(※13)の配当金は益金不算入とならない

受取配当金は、原則として益金不算入と説明しましたが、短期所有株式等の配当金については、いわゆる配当落ち(※15)を利用して租税回避をはかることを防止する観点から益金不算入の対象外とされています。

投資先の会社の決算日近くにその会社の株式を購入し、配当落ち後に株式を譲渡すると、投資家は株式の譲渡損をこうむります。しかし、その譲渡損失は後日配当が交付されることによって埋められることになりますので、理屈のうえでは投資家は全体としてはキャッシュを減らすことにはなりません。もしこのような株式に益金不算入制度を適用すると、税務上は、配当落ち分の譲渡損失を認識する一方で、受取配当金は益金不算入となり、投資家は配当は認識しないのに、損失だけを認識できることになってしまいます。したがって、これを利用して租税回避を行うことを避けるために、一定の短期所有株式等については、益金不算入の規定を適用しないこととされているのです。

※13 「関係会社の株式等」とは保有割合が25％以上100％未満の株式を、配当の効力発生日以前6カ月以上所有し続けている場合の株式等をいいます。

※14 「短期所有株式等」とは、配当基準日以前1カ月以内に購入し、かつ、基準日以後2カ月以内に売却した株式等をいいます。短期所有株式等の配当金額は、配当基準日の前後で平均的に譲渡されたものとして定められた算式を使い、計算します。

※15 「配当落ち」とは、配当の権利確定日が過ぎて、株価が理論上、配当相当分だけ下がることをいいます。

図表 8-12　原則法による負債利子の控除額の算式

[原則法]

負債利子 × $\dfrac{\text{株式等の簿価（注1）}}{\text{総資産の簿価（注2）}}$

(注1)「株式等の簿価」は、前期末・当期末の税務上の株式等の簿価の合計額です。
(注2)「総資産の簿価」は、前期末・当期末の総資産から一定の金額を調整した合計額です。

※上記の原則法に代えて、過年度（基準年度）の負債利子の実績によって計算する簡便法も認められています。

[簡便法]

負債利子 × 基準年度（注3）において原則法で計算した控除割合

(注3)「基準年度」は、平成22年4月1日から平成24年3月31日までの間に開始した各事業年度をいいます。

図表 8-13　受取配当金の益金不算入金額の計算方法

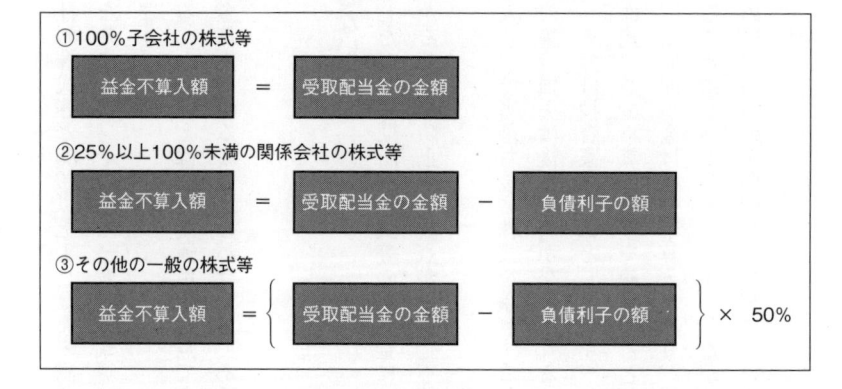

① 100%子会社の株式等

益金不算入額 ＝ 受取配当金の金額

② 25%以上100%未満の関係会社の株式等

益金不算入額 ＝ 受取配当金の金額 － 負債利子の額

③ その他の一般の株式等

益金不算入額 ＝ { 受取配当金の金額 － 負債利子の額 } × 50%

第8章 寄附金その他の処理

■負債利子は受取配当金から差し引く

受取配当金の益金不算入額を計算する際に留意しなければならないことがあります。それは、関係会社の株式等と一般の株式等については、株式購入にかかる借入金の利息（負債利子）を受取配当金から控除して益金不算入額を計算しなければならないという点です。受取配当金から控除される負債利子は、支払利息のうち受取配当金に対応する分を計算するため、会社の総資産に占める株式等の帳簿価額の割合で負債利子を按分して計算します。これが原則法です。一方、過年度の控除割合の実績によって計算する簡便法も認められています。具体的な算式は**図表8-12**のとおりです。

■益金不算入額の計算方法まとめ

以上、受取配当等の益金不算入額の計算方法をまとめると、**図表8-13**のように整理できます。

● 節税ポイント

■原則法、簡便法は有利な方を選択できる

原則法によるか簡便法によるかは、会社が事業年度ごとに有利な方を選択できます。有利な方とは控除負債利子が少なくなる方になります。

たとえば、基準年度の負債利子がまったくない場合には、控除負債利子を0円として受取配当の益金不算入を計算することになります。この場合、簡便法を選択した方が益金不算入額が大きくなり、節税につながります。

継続適用の必要はありません。

9 圧縮記帳は課税を繰り延べること

■国からの補助金にも原則として課税される

わが国の法人税では、固定資産の売却益などをはじめとして、国から受ける国庫補助金や工事負担金、貨幣価値の変動から生じた保険差益額などについても、原則としてすべて課税されます。

しかし、これらについて一度にまとめて課税することは問題があります。というのは、会社が国からもらった補助金で機械を買う場合や火災で受けた資産の帳簿価額を超えた金額（保険差益）にただちに課税すると、納税分だけ資金不足をきたしたり、補助金等の効果が減少してしまうからです。このようなデメリットを回避するために考えられたのが「圧縮記帳」という制度です。

■圧縮記帳は課税の減免ではなく繰延べである

圧縮記帳というのは、国庫補助金等によって固定資産を取得したときなどに、その固定資産の取得価額を国庫補助金の収入に伴う受贈益や譲渡益相当額だけ課税所得から除外（圧縮）することをいいます。たとえば、ある会社が国庫補助金70万円の受けて、100万円の機械装置を取得したとしましょう。その場合、国庫補助金の収入70万円と同額の70万円が圧縮損として計上され、相殺されることで、この時点での課税は生じないことになります。

ところが、この機械装置の帳簿価額は、圧縮されないときの100万円と比較して30万

図表 8-14　圧縮記帳の効果

（例）補助金の収入 70 万円を受けて、100 万円の機械装置を取得、耐用年数 5 年、減価償却方法は定額法と仮定した場合の各年の所得金額

	圧縮記帳を利用しない場合の所得金額	圧縮記帳を利用した場合の所得金額
1 年目	＋50 万円 ①補助金収入 70 万円 ②減価償却費 100 万円÷5 年＝20 万円 ③①－②＝50 万円	△6 万円 ①補助金収入 70 万円－圧縮損 70 万円＝0 円 ②減価償却費 (100 万円－70 万円)÷5 年＝6 万円 ③①－②＝△6 万円
2 年目	△20 万円 (減価償却費 20 万円)	△6 万円 (減価償却費 6 万円)
3 年目	△20 万円 (減価償却費 20 万円)	△6 万円 (減価償却費 6 万円)
4 年目	△20 万円 (減価償却費 20 万円)	△6 万円 (減価償却費 6 万円)
5 年目	△20 万円 (減価償却費 20 万円)	△6 万円 (減価償却費 6 万円)
合計所得金額	△30 万円	△30 万円

円と小さくなっているので、その後の減価償却費は小さくなり、その分だけその後の所得は毎期大きくなるわけです。この70万円の効果を「圧縮」といいます。

図表8−14は圧縮記帳を利用しない場合と利用した場合の毎年の所得のちがいを示したものです。圧縮記帳を利用すると、各年の所得はマイナス6万円、合計でマイナス30万円となります。一方、圧縮記帳を利用しないと、1年目の所得がプラス50万円、2年目以降マイナス20万円、合計でマイナス30万円となります。両ケースとも通年でみると所得にちがいはありませんが、圧縮記帳を利用すれば、1年目の課税が2年目以降に持ち越されることとなり、所得が平準化されます。この効果を「課税の繰延べ」とよび、「課税の減免」ではないことがおわかりいただけるかと思います。

図表8-15　圧縮記帳の種類

法人税法上の圧縮記帳	・国庫補助金で取得した固定資産の圧縮記帳 ・工事負担金で取得した固定資産の圧縮記帳 ・保険金で取得した固定資産の圧縮記帳 ・交換で取得した固定資産の圧縮記帳　など
租税特別措置法上の圧縮記帳	・収用に伴い取得した代替資産の圧縮記帳 ・特定資産の買換えによる圧縮記帳　など

図表8-16　国庫補助金で取得した固定資産の圧縮限度額

$$帳簿価額 \times \frac{返還を要しないこととなった国庫補助金の額}{固定資産の取得または改良に要した金額}$$

■圧縮記帳による損金算入が認められるには経理上の要件がある

圧縮記帳による損金算入は、確定した決算において一定の経理をすることを要件としており、単純に申告書上で損金の額に算入することは認められていません。

一定の経理とは、①損金経理により帳簿価額を減額する方法、※16 ②決算日に積立金として積み立てる方法、※17 ③決算の確定の日（株主総会日）

※16　仕訳は次のとおりです。

（借方）固定資産圧縮損 70万円
（貸方）機械装置 70万円

※17　仕訳は次のとおりです。

（借方）繰越利益剰余金 70万円
（貸方）圧縮積立金 70万円

第8章 寄附金その他の処理

までの剰余金処分により積立金として積み立てる方法(※18)、の3つの方法があります。②と③の場合は圧縮損相当額が損金算入されていませんので、申告書上で減算処理をする形になります。)。

圧縮記帳の種類によっては上記の3つの方法のいずれかしか採用できないというものもあります。ちなみに、圧縮記帳には法人税法上の圧縮記帳と租税特別措置法上の圧縮記帳があります。これらの代表的な種類を記載したものが、**図表8—15**になります。

■国庫補助金で取得した固定資産の圧縮記帳

会社が、国や地方公共団体などから補助金をもらって、固定資産の取得や改良をした場合には、圧縮記帳ができます。この場合、税務上圧縮する金額には限度額が設けられています(圧縮限度額)。圧縮限度額は、圧縮記帳の種類によってまちまちです。国庫補助金で取得した圧縮記帳の場合の圧縮限度額は、**図表8—16**のように、その目的の資産の取得または改良の国庫補助金の金額です。

ただし、国庫補助金について将来返還を要しないことが支給された年度末までに確定していない場合は、その年度では圧縮記帳することはできません。

この場合は、いったんその補助金を「仮受金」勘定に計上するなどして、返還を要しないことが確定した年度で益金に計上するとともに、改めて圧縮記帳を適用します。

ちなみに国や地方公共団体からの補助金であっても、棚卸資産や経費にあてるために支給されたものには適用されません。

※18 ※17と同じ仕訳。ただし、翌期の決算書に計上されることになります。

■特定資産の買換えによる圧縮記帳

会社が租税特別措置法に定められた特定の資産の買換えを行った場合に圧縮記帳ができます。もともと所有していた固定資産を買換えに伴い譲渡したことによる譲渡益に対する法人税の課税を、買換えにより取得した固定資産を将来譲渡する時まで延期する特例です。

この特定資産の買換えの圧縮記帳は、種類が20近くあり、譲渡資産と買換資産の組合せが定められていますので、取引によって確認が必要です。たとえば所有期間が10年を超える土地等を譲渡して、新たに土地等を買換える組合せは、適用例が多いケースの一つです。(※19)

具体的には譲渡資産は、土地、建物、構築物で所有期間が10年超のもの、買換資産は、面積が300㎡以上の事務所等の土地、建物、構築物、機械装置等と規定されています。

また、定められた組合せに合っていても、この特例を受けるためには、買換資産が次のすべての要件を満たしていることが必要です。

① 譲渡資産を譲渡した年度か、譲渡年度の前後1年以内に取得したものであること（ただし、工場敷地の造成等に要する期間が1年を超えるなどやむを得ない場合には、3年以内でもよいとされている特例があります。この場合には、税務署長への届出あるいは申請書の提出が必要となります）。

② 取得した日から1年以内に事業の用に使ったか、その見込みであること

買換資産の圧縮限度額は、**図表8－17**の算式で計算します。

※19 この組合せは、平成26年12月31日までの譲渡について適用を受けられます。

図表8-17　買換資産の圧縮限度額

$$\frac{譲渡対価-(譲渡資産の帳簿価額+譲渡経費)}{譲渡対価}$$
$$=差益割合$$

圧縮基礎取得価額(注)×差益割合×80％

(注)　圧縮基礎取得価額とは、買換資産の取得価額と譲渡資産の譲渡価額のいずれか少ない金額をいいます。

● 節税ポイント

■買換資産が土地・建物の場合はまず土地から

買換資産が2つ以上あるときは、まず一つの買換資産の取得価額に達するまで譲渡対価をあて、次にその残額の譲渡対価で別の買換資産の取得価額に達するまであてるというようにして計算します。

この場合、どの買換資産から譲渡対価をあてるかは会社の自由です。

一般的には、土地などの非減価償却資産にまずあて、残れば減価償却資産（耐用年数の長いものから順）にあてるのが有利となります。建物など減価償却資産は、減価償却の対象とする金額を圧縮させることで、毎期の減価償却費が減少し、その分課税所得が増加するのに対して、土地は減価償却の必要がないため、売却時まで圧縮の効果が続くことになるからです。

当制度は政策的な措置で定められたものが多いので、毎年の税制改正の影響を受けやすいため、適用要件などの事前確認をしっかりする必要があります。

第9章 税額の計算と申告納付の手続き

1 税率は儲けや資本金の大きさでちがう

■税額は単純な掛算では求められない

当期の所得に対する税額は、所得金額に税率を掛けて算出しますが、単純な掛算ではありません。それは、①資本金の大きさで適用する税率が違うこと、②同族会社のうち、一定の同族会社であれば留保金額を算出して特別税率を適用しなければならないこと（詳細はP.157参照）、などがあるからです。そして、そこから各種の税額控除を差し引いて最終的な確定法人税額を算出することになります。

この税額計算のしくみと手順を示したものが、図表9－1です。手順にしたがって税額計算のしかたをみていきましょう。

■税率は会社の形態・規模・所得等によって異なる

法人税の税率は、会社の形態・規模、所得の大きさに応じて、普通法人の場合は図表9－2のとおりです。この図からもわかるように、同じ所得であっても、中小法人の場合は、所得金額のうち年800万円以下の分については大法人の場合よりも税率が低くなっ

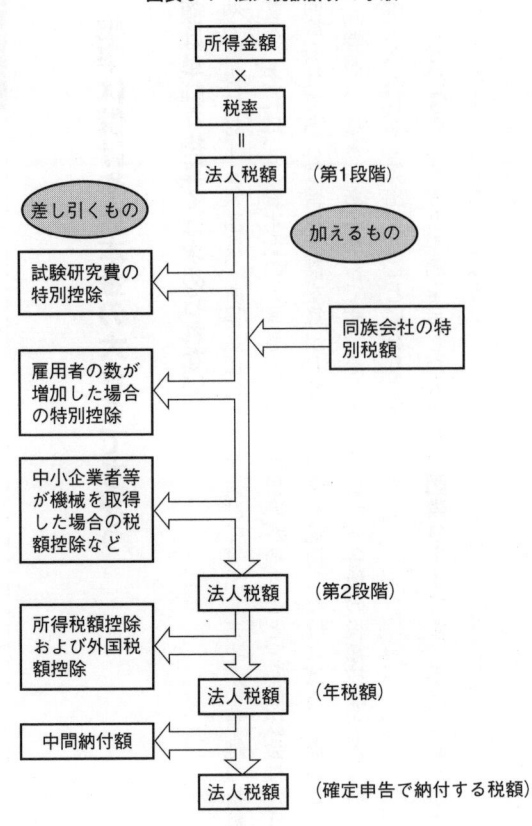

図表 9-1　法人税額計算の手順

```
        所得金額
          ×
         税率
          ‖
        法人税額　（第1段階）

  差し引くもの              加えるもの

  試験研究費の
  特別控除　　←

                    ←──  同族会社の特
                          別税額
  雇用者の数が
  増加した場合　←
  の特別控除

  中小企業者等
  が機械を取得　←
  した場合の税
  額控除など

        法人税額　（第2段階）

  所得税額控除
  および外国税　←
  額控除

        法人税額　（年税額）

  中間納付額　　←

        法人税額　（確定申告で納付する税額）
```

図表 9-2　普通法人の税率のちがい

	中小法人（資本金1億円以下）	大法人（資本金1億円超）等
所得金額のうち年800万円以下の部分にかかる税率	15％（16.5％）	25.5％（28.05％）
所得金額のうち年800万円超の部分にかかる税率	25.5％（28.05％）	

(注1) 税率は、平成24年4月1日から開始する事業年度に適用される税率です。平成24年4月1日前に開始する事業年度の法人税率は30％（中小法人の年800万円以下の所得金額からなる部分の金額に対しては18％）となります。
(注2) 平成24年4月1日から平成27年3月31日までの間に開始する事業年度においては、法人税額に対して10％を乗じた復興特別法人税が別途課税されます。表の（　）の税率が、復興特別法人税を加算した合計の税率です。
(注3) 資本金の額は期末時点で判定します。
(注4) 中小法人には、資本金が5億円以上である法人の100％子会社等は除かれ、大法人と同様の取り扱いとなります。

2 オーナー会社の留保金には特別の税金がかかる（特定同族会社の留保金課税）

法人税では、同族会社に対して特別の規定を設けています。

■同族会社とはどんな会社？

同族会社とは、株主や出資者の3人以下およびその特殊関係者(※3)で50％超の株式や出資をもっている会社などをいいます。つまり、少数の株主で経営権を牛耳っているオーナー会社をイメージするとわかりやすいと思います。同族会社は、経営者や役員もこの会社から選ばれるのが一般的ですから、相互牽制が働かず、経済合理性のない取引によって、会社や株主の税負担を不当に軽くしようとすることがあります。それを防ぐために特別な規定があります。

■一定の同族会社には特別の税金がかかる

一定の同族会社が一定の金額を超えて所得を留保した場合は、通常の法人税のほかに、特別税率による法人税が課税されることがあります。

同族会社では利益が出たからといって必ずしも配当に回さないで、会社に留保することもできます。個人株主は、配当を受け取った場合、所得税法上配当所得として所得税が課されます。所得税の税率は累進課税方式が採用されていますので、所得が高くなればなるほど税率も上がります。同族会社の株主にはたくさんの事業を展開して多くの所得を得て

※3 「特殊関係者」には、個人と法人がありますが、特殊関係者となる個人は、株主等の親族等があげられます。

※4 典型的な同族会社は、たとえば次のB社のような会社です。B社は後で説明する特定同族会社にも該当します。
Aさんが50％、Aさんの妻が25％、Aさんの母親が25％の株式を持っているB社

いる者も多く、会社の所得を配当せずに会社にプールすることによって高い税率の課税を避けることも可能となります。そこで、株主は同族同士ですからこのようなことを株主総会の決議で行うことも容易です。特に、同族会社のうち一定のもの（これを「特定同族会社（※5）」といいます）が一定限度を超えて所得を留保した場合には、通常の法人税に加えて、特別税率による課税をしようという制度が「特定同族会社の留保金課税制度」です。ただし、特定同族会社の留保金課税制度は、中小企業の内部留保を妨げるデメリットもあることから、資本金が1億円以下の中小法人（ただし、資本金が5億円以上の法人の100％子会社等は除く）はこの制度の適用から除外されています。

特定同族会社については、定義が非常にわかりにくいので、次の **図表9－3** の具体例で考えてみましょう。

ケース1のように、上位1株主グループで50％超保有されている会社は「特定同族会社」に該当することになります。一方、ケース2のように、株主の中に、上場企業のように1株主グループで50％超保有されていない会社が入るケースがでてきます。その理由は、株主の中に上場会社のようなガバナンスが働いている会社が入ることで、経済的非合理性が排除されると考えられているためです。

■留保金課税の計算のしくみ

留保金課税は、通常の法人税にさらに税額が上乗せされるものです。上乗せされる税額は、当期に留保された所得（留保所得金額）から法人税額と法人住民税額を差し引き、そこから留保控除額（※6）を差し引いたもの（課税留保金額）に特別税率を乗じて計算します。

特別税率は課税留保金額により異なります。課税留保金額が3,000万円以下なら10％、

※5 「特定同族会社」とは、株主等の1人とその特殊関係者（上位1株主グループ）の持株割合等が50％超である会社（被支配会社）で、被支配会社でない法人がある場合に、その法人をその判定の基礎となる株主等から除外して判定するとした場合においても被支配会社となるものをいいます。

※6 「留保控除額」は、次の金額のうち、もっとも多い金額です。
① 当期の所得の金額×40％
② 年2,000万円
③ 期末資本金額×25％－利益積立金額

第9章　税額の計算と申告納付の手続き

図表 9-3　特定同族会社の判定

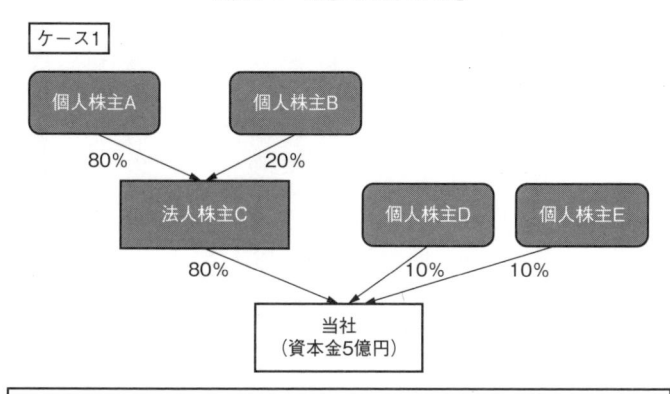

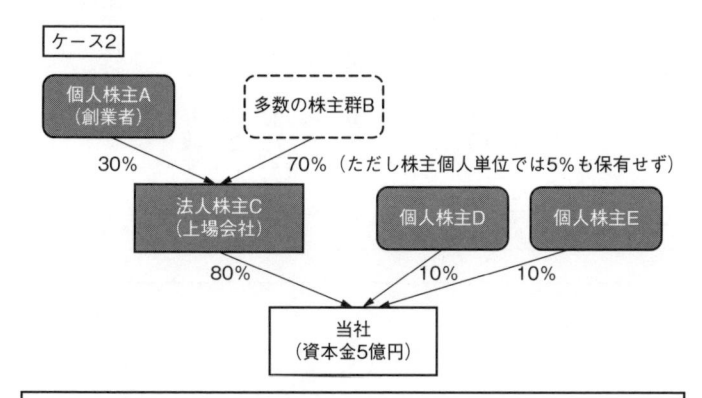

【ケース1】

```
個人株主A ──80%──┐    個人株主B ──20%──┐
                  ↓                      ↓
              法人株主C
                  │80%              個人株主D  個人株主E
                  ↓                     │10%      │10%
                 当社  ←──────────────────┴─────────┘
              （資本金5億円）
```

①当社は「被支配会社」に該当するか？
→当社は法人株主Cによって80％保有されているため、「被支配会社」に該当。

②当社は、株主等から「被支配会社でない法人」を除いて判定しても、「被支配会社」に該当するか？
→法人株主Cは個人株主Aにより80％保有されているため、「被支配会社」に該当。個人株主D・Eは会社でないので、これに該当しない。「被支配会社でない法人」はないため、法人株主Cを除かずに判定。①同様、当社は「被支配会社」に該当。

☆結論
→当社は「特定同族会社」に該当。

【ケース2】

```
個人株主A        多数の株主群B
（創業者）       ┌─ ─ ─ ─ ─┐
    │30%        │         │70%（ただし株主個人単位では5％も保有せず）
    ↓           └─ ─ ─ ─ ─┘
    └──→ 法人株主C ←──┘
          （上場会社）
              │80%         個人株主D   個人株主E
              ↓                 │10%        │10%
             当社  ←─────────────┴───────────┘
          （資本金5億円）
```

①当社は「被支配会社」に該当するか？
→当社は法人株主Cによって80％保有されているため、「被支配会社」に該当。

②当社は、株主等から「被支配会社でない法人」を除いて判定しても、「被支配会社」に該当するか？
→法人株主Cは上場会社であり、特定の株主により50％超を保有されていない。従って、「被支配会社でない法人」に該当し、これを除いて判定する。
→当社は個人株主D・Eにより50％超を保有されていない。したがって、「被支配会社」に該当しない。

☆結論
→当社は「特定同族会社」に該当しない。

3,000万円超1億円以下なら15％、1億円超なら20％となります。

■同族会社には特別規定がある

同族会社に対しては、留保金課税の他にも次のような特別規定が設けられています。

① 行為計算の否認

同族会社では、たとえば、会社が持っている資産を不当に安く役員に売り渡すことが可能です。このような経済合理性のない取引が行われると、法人税額が不当に減少するケースもありえます。そこで同族会社の行為や計算の結果が、法人税額を不当に減少させると認められるときは、税務署長の認めるところによって、これらの行為や計算はなかったものとして計算し直すようにする制度が同族会社の行為計算の否認制度です。

② 使用人兼務役員の範囲の制限

使用人兼務役員については、たとえば使用人兼務役員に支給される賞与のうち使用人部分としての職務に対する部分は、適正額の範囲内で損金算入することができます。しかし、同族会社の一定の役員に該当する場合には使用人兼務役員になることができません。

③ 利益連動給与の損金算入の不適用

法人がその業務執行役員に対して支給する利益連動給与を支給する場合には、一定要件のもとで損金算入が認められていますが、同族会社には適用がありません。

3 税額から控除できるもの

■税額控除とは

会社が配当金や預金利子などを受け取るとき、個人と同じように、すでに所得税が差し引かれています。この源泉所得税は、法人税との二重課税を排除する観点から、法人税の前払分とみなされ、法人税額から控除（差し引く）することができます。また、控除しきれない場合は、次年度以降に繰り越して控除されたり還付されたりします。

このような法人税額から差し引ける税額控除は、上記のような①法人税の前払分として扱われる法人税法上のもの、②政策目的から定められている租税特別措置法上のもの、と大きく二種類に分かれ、それぞれ、さらに内容に応じた税額控除が定められています。

図表9-4 所得税額控除の対象となるものと控除される税額の範囲

内　　容	控除される税額
①預貯金の利子 ②合同運用信託の収益の分配 ③みなし配当　　　　　　　　　　など	源泉徴収された所得税の全額
①公社債の利子 ②剰余金の配当、利益または利息の配当 ③証券投資信託の収益の分配 ④割引債の償還差益　　　　　　　など	源泉徴収された所得税のうち元本を所有していた期間に対応する金額

図表9-5 元本を所有していた期間に対応する金額の計算方法

①原則法
　元本の銘柄ごとに、次の算式により計算します。

　　所得税額 × その元本を所有していた期間の月数 / 利子配当等の計算の基礎となった期間の月数

②簡便法
　元本を(a)公社債、(b)株式および出資、(c)集団投資信託の受益権、の三種類に区分。さらに計算期間が1年を超えるものと超えないものに区分。つまり6区分とし、さらに銘柄ごとに次の算式により計算します。

　　所得税額 × $\dfrac{A+(B-A)\times 1/2\ （※）}{B}$

(注) A＝配当等の計算期間開始時の元本の数、B＝配当等の計算期間終了時の所有元本の数で、A＞Bのときは、所得税額が控除対象となります。
(※) 計算期間が1年を超える場合は、1/2にかえて1/12を使用します。

■所得税額控除には条件がある（法人税法上の税額控除①）

法人税額から控除できる源泉所得税は図表9-4のとおりですが、利子・配当などで元本が譲渡できるものは、元本の所有期間に対応する所得税額だけが対象となります。元本を所有していた期間に対応する金額の計算方法には、①原則法、②簡便法、の二つがあります。

図表9-5は、その計算方法をまとめたものです。

源泉所得税は所得税額控除を受けないで、その全額を損金算入することもできます。ただし、一般的には税額控除を受けた方が有利となります。

また、平成23年度第二次税制改正により、平成25年1月1日から生ずる所得について源泉所得税を徴収する際、所得税額に2.1％を乗じた復興特別所得税を併せて徴収することとなっています。(※7) この復興特別所得税は、法人税額から控除することはできず、復興特別法人税額から控除することができます。控除額は、所得税額控除と同様、預貯金の利子に係るものは全額、公社債の利子や剰余金の配当に係るものは元本の所有期間で按分した額です。また、税額控除をせずに、損金の額に算入することもできます。

● 節税ポイント
■ 所得税額控除は毎期比較計算を行おう

所得税額控除の元本を所有していた期間に対応する金額の計算方法について原則法を採用するか簡便法を採用するかは、継続適用する必要はありません。毎期選択可能ですので、両方法の比較計算を行い、税額控除が大きくなる方を選択しましょう。

※7 所得税額と復興特別所得税額はまとめて源泉徴収されますので、次の算式で区分します。

$$\text{復興特別所得税額} = \text{合計金額} \times \frac{2.1}{102.1}$$

（50銭超は切り上げ、50銭以下は切り捨て）

$$\text{所得税額} = \text{合計税額} - \text{復興特別所得税額}$$

図表 9-6　研究開発税制の概要

種類	対象となる法人	税額控除限度額	適用事業年度
①試験研究費の総額に係る税額控除	青色申告法人	試験研究費の額×税額控除割合（注1）＝限度額（法人税額の30％（注2）が限度）	平成25年4月1日から平成27年3月31日までの間に開始する事業年度
②特別試験研究（大学、公的研究機関等との共同研究等）に係る税額控除	青色申告法人	特別試験研究費の額×（12/100－税額控除割合（注1））＝限度額（法人税額の30％（注2）から①の控除額を控除した残額を超える場合には、その残額が限度）	
③中小企業技術基盤強化税制	青色申告法人でかつ中小企業者等（注3）	試験研究費の額×12/100＝限度額（法人税額の30％（注2）が限度）	
④試験研究費の増加額等に係る税額控除	青色申告法人	上記①および③の制度とは別に、法人税額の10％を限度として、次のいずれかの選択適用可 (a)当期の試験研究費の額が比較試験研究費（注4）の額を超え、かつ、基準試験研究費（注5）の額を超える場合 （当期の試験研究費の額－比較試験研究費の額）×5/100＝限度額 (b)当期の試験研究費の額が平均売上金額（注6）の10％相当額を超える場合 （当期の試験研究費の額－平均売上金額×10/100）×超過税額控除割合（注7）＝限度額	平成26年3月31日までの間に開始する事業年度

(注1)「税額控除割合」は、試験研究費の額の平均売上金額に対する割合（試験研究費割合）が10％以上の場合10％、10％未満の場合8％＋試験研究費割合×0.2となります。
(注2) 平成24年4月1日から平成25年3月31日までに開始する事業年度は20％
(注3)「中小企業者等」とは、中小企業者および農業協同組合等です。中小企業者とは、次の法人をいいます。
①資本金の額又は出資金の額が1億円以下の法人
　ただし、同一の大規模法人（資本金の額が1億円を超える法人または資本を有しない法人のうち常時使用する従業員の数が1,000人を超える法人をいい、一定の会社を除きます。）に発行済株式の総数の2分の1以上を所有されている法人および2以上の大規模法人に発行済株式の総数の3分の2以上を所有されている法人を除きます。
②資本を有しない法人のうち、常時使用する従業員の数が1,000人以下の法人
(注4)「比較試験研究費」とは、事業年度開始の日前3年以内に開始した各事業年度の試験研究費の合計額を、その3年以内に開始した事業年度の数で除した金額です。
(注5)「基準試験研究費」とは、事業年度開始の日前2年以内に開始した各事業年度の試験研究費の最も多い金額になります。
(注6)「平均売上金額」とは、当事業年度を含む4年間の各事業年度の一定の売上金額の平均額をいいます。
(注7)「超過税額控除割合」の計算方法はとは、（試験研究費割合（注）－10／100）×0.2として計算します。（注）その事業年度を含む4年間の平均売上金額のうちに、その事業年度の試験研究費の額の占める割合になります。

■外国での税金も控除できる（法人税法上の税額控除②）

日本に支店や工場がある場合は、外国でかせいだ所得に外国の税金がかかるのが通常です。日本の法人税は、全世界所得課税（P.4参照）の考え方をベースに税制が構築されていますので、この外国でかせいだ所得についても、国内の所得と合わせて国内の法人税がかかります。そのままですと国内外での二重課税となります。これを解消するために、外国で納めた税金を、日本の法人税の額から一定の金額まで税額控除できる制度があります。これを「外国税額控除」といいます。源泉所得税と同様、外国税額控除を受けない場合には損金算入することもできます。

■試験研究を行った場合の法人税額の特別控除（租税特別措置法上の税額控除①）

増加する研究開発活動を税制面で支援するために制定された制度が「研究開発税制」とよばれるものです。研究開発税制は、四つの種類があります。その種類と、対象となる法人、税額控除限度額、適用事業年度は**図表9－6**のとおりです。

対象となる試験研究費は、製品の製造や技術の改良、考案もしくは発明に係る試験研究のために要する原材料費、人件費（専門知識をもって試験研究の業務にもっぱら従事する者に限ります）や経費、他の者に委託して試験研究を行う場合の委託費として他の者から受けとった金額は控除します。また、試験研究費として他の者に支払う費用などです。

この控除を受けるためには、確定申告書に控除額および計算の明細を記載することが必要です。

■雇用者の数が増加した場合に法人税額が控除される（租税特別措置法上の税額控除②）

近年の厳しい経済状況や雇用情勢に応じた景気対策の一環として、会社が雇用した雇用者の数が増加した場合に法人税額の特別控除が受けられる制度が設けられています。この制度を「雇用促進税制」といい、前期に比べて雇用者が1名増えるごとに40万円の税額控除ができます（※8）。この制度は、平成23年4月1日から平成26年3月31日までの間に開始する事業年度において適用されます。

この税額控除を受けるためには、以下の5つの要件を満たす必要があります。

① 前期および当期に事業主都合による離職者がいないこと
② 当期末の雇用保険の一般被保険者である雇用者が前期末より5人以上（中小企業者等は2人以上）かつ10％以上増加したこと
③ 損金算入される雇用者に対する給与支給額が比較給与等支給額（※10）以上であること
④ 雇用保険法第5条第1項に規定する適用事業を行っていて、風俗営業等を営む会社でないこと
⑤ 青色申告法人であること

さらに、この特例の適用を受ける場合には、事前に公共職業安定所または都道府県労働局に「雇用促進計画書」を提出し、また、その達成状況を確認してもらうという、公共職業安定所等による事前と事後の確認を受けることが必要です。その結果交付される「確認を受けた雇用促進計画書」を確定申告書に添付することで適用を受けることができます。

たまたま従業員を雇用した結果増加したということでは適用ができませんので、事前の計画・準備をしっかり行うことが必要です。

※8　平成25年4月1日より前に開始した事業年度は20万円です。

※9　具体的には以下の算式により計算した税額控除限度額が法人税額から控除されます。

基準雇用者数（当期末の雇用者数－前期末の雇用者数）×40万円ただし、法人税額の10％（中小企業者等については20％）が限度

※10　「比較給与等支給額」とは、次の算式により計算した額をいいます。

比較給与等支給額＝前期の給与等の支給額＋（前期の給与等の支給額×基準雇用者割合（注）×30％）

（注）
$$\text{基準雇用者割合} = \frac{\text{当期末の雇用者数} - \text{前期末の雇用者数}}{\text{前期末の雇用者数}}$$

● 節税ポイント

■適用要件を満たすためには雇用計画が重要

雇用促進税制を受けるためには、雇用者の人数の把握が欠かせず、そのためには、人事部としっかり連携をとる必要があります。また、前記ベースで計算した増加雇用者分の給与年額の30％増でなければ適用が受けられないので、期末の近くに雇用をしても対象とならない可能性があります。したがって、雇用の時期に配慮するといった雇用計画が重要になります。

■その他の租税特別措置法上の税額控除

右に挙げたもの以外にも、中小企業者等のうち一定のものが1台160万円以上の機械装置などの設備を取得した場合に適用できる「中小企業者等が機械等を取得した場合の法人税額の特別控除」や「エネルギー環境負荷低減推進設備等を取得した場合の法人税額の特別控除」など、「生産等設備投資促進税制」や「所得拡大促進税制」など数多くあります。平成25年度税制改正によって新たに設けられたものもあります（P.195参照）。

4 青色欠損金は繰り越しができる

■青色欠損金は9年間繰り越して控除ができる

　法人税は、事業年度ごとに計算します。しかし、黒字の事業年度のときは税金を支払い、赤字の事業年度のときは税金を支払わず、事業年度を超えて通算できないとすると、会社の体力はどんどん弱まってしまいます。たとえば、事業を興した場合、当初数年軌道にのるまでは赤字が続くのが一般的です。その後黒字になって税金をすぐに納めなければならないとなると、なかなか財務基盤を強化することができません。場合によっては、せっかく軌道にのった事業がとん挫する可能性もあります。

　そこで、黒字と赤字を通算するという考え方から、当事業年度に生じた欠損金は翌事業年度以降9年間にわたって利益と相殺（損金算入）することができる制度が設けられています。この制度を「青色欠損金の繰越控除」といいます。(※11)

　この制度の適用を受けるためには、一定の要件を満たしている必要があります。青色欠損金は、利益（所得）が出た事業年度で次のように控除します。(※12)

① 古い事業年度に生じた青色欠損金から順に使う。

② 青色欠損金を使える場合は必ず使わなければならない（強制適用）。なお、損金算入する事業年度が青色申告か白色申告かは問いません。

　平成23年度第二次税制改正により、青色欠損金の繰越控除を使うことができるのは、資本金1億円超の会社においては、繰越控除前の所得金額の80％という制限がつくこととなりました。つまり、所得が出た事業年度において、20％の所得に対しては繰越控除が使え

※11　平成20年4月1日前に終了した事業年度に生じた欠損金は7年間。

※12　繰越控除制度をうけるための一定の要件とは次のとおりです。
① その事業年度開始の日前9年以内に生じた欠損金であること
② 欠損金が生じた事業年度に青色申告書を提出しており、欠損金が生じた事業年度以降連続して確定申告書を提出していること
③ 欠損金が生じた事業年度に係る帳簿書類を保存していること

ませんので、課税されることとなります。なお、中小法人等(※13)については、従前どおり、欠損金を所得の全額に充当することができます。

図表 9-7　青色欠損金の繰越制度と繰戻還付制度

①欠損金の繰越制度は、X1期の赤字（欠損金）をX2期以降に発生する黒字（所得）と相殺する制度

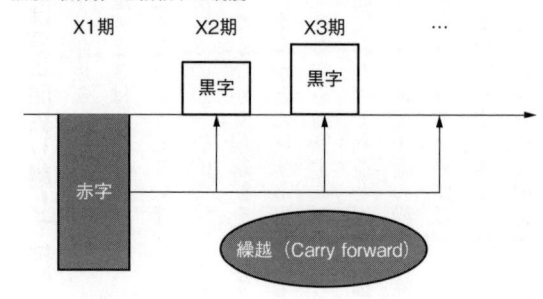

X1期　X2期　X3期　…

黒字　黒字

赤字

繰越（Carry forward）

②繰戻還付制度は、X1期の赤字（欠損金）をX0期の黒字（所得）と相殺し、税還付を受ける制度

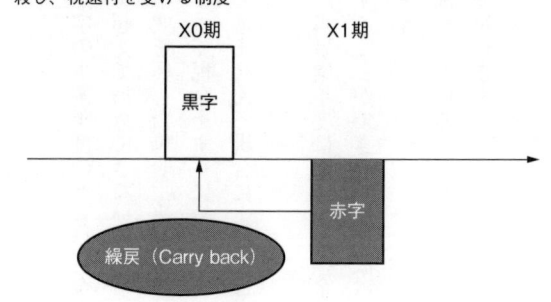

X0期　X1期

黒字

赤字

繰戻（Carry back）

※13　資本金1億円以下の中小法人であっても、資本金が5億円以上である法人の100％子会社等は除きます。

第9章 税額の計算と申告納付の手続き　169

■前期に納付した税金が還付される制度もある

　青色欠損金の繰越控除は、前項のとおり欠損金を次期以降に繰り越して損金算入する制度ですが、これに対し、当期に生じた赤字（欠損金）を過去の黒字（所得）と相殺し、過去に納付した法人税の還付を求めることができる制度もあります。これを「青色欠損金の繰戻し還付」といいます。図表9－7は両者のちがいを示したイメージ図です。

　青色欠損金の繰戻還付制度は、繰越控除制度とは異なり、相殺できるのは前事業年度のみに限られています。また、この制度の適用を受けるためには一定の要件を満たしている必要があります。

　ただし、この制度は時限立法で、現時点では平成26年3月31日までの適用で、かつ、中小法人等（資本金が5億円以上である法人の100％子会社等は除きます。）にのみ適用が限定されています。

5　確定申告は2カ月以内にするのが原則

■確定申告書は所轄税務署に提出する

　申告は、確定申告書に代表者が署名捺印（電子申告の場合には署名捺印は不要）して、原則として事業年度終了後2カ月以内に所轄の税務署長宛に提出（電子申告の場合には送信）します。その際には、主なものとして次の書類を添付しなければなりません。

①貸借対照表、②損益計算書、③株主資本等変動計算書、④注記表、⑤勘定科目の内訳明細書、⑥法人事業概況説明書、⑦適用額明細書（※15）

　申告期限の日が土曜、日曜、祝日のときは、これらの日の翌日が、また、12月29日から

※14　繰戻還付制度をうけるための一定の要件とは次のとおりです。
① 還付所得事業年度から欠損事業年度まで連続して青色申告の確定申告書を提出していること
② 欠損金事業年度の青色申告書を提出期限内に提出していること
③ 欠損金の繰戻しによる還付請求書を確定申告書に添付して提出していること

※15　「適用額明細書」とは、平成23年4月1日以後終了する事業年度において提出が義務化されました。一定の租税特別措置法の特例を適用する場合に添付します。この明細書を添付しないと、租税特別措置法の適用を受けることができませんので注意が必要です。

■納税も申告期限までに行う必要がある

申告が終われば、確定申告、中間（予定）申告いずれの場合であっても、その申告書の提出期限までに法人税を納めなければなりません。

納税方法としては、納付書を添えて銀行や郵便局、税務署で納付する方法、ダイレクト納付による電子納税（事前に所轄税務署にダイレクト納付利用届出書の提出が必要）などがあります。

申告が終われば、確定申告、中間（予定）申告いずれの場合であっても、その申告書の提出期限までに法人税を納めなければなりません。

31日までの日に当たるときは、翌年の1月4日（同日が日曜日に当たるときは5日、また、同日が土曜日に当たるときは6日）が申告・納付の期限となります。

■2カ月で決算が確定しないとき

株主総会の開催日を定款で決算日から3カ月以内と決めているときなど、2か月で決算が確定しない場合には、所轄税務署長に申請し承認を受けることにより、申告期限を原則1カ月延長できます。（※17）ただし、本来の申告期限の翌日から利息の意味合いで利子税（P.177参照）がかかります。このため実務上は本来の申告期限までに法人税の見込額を納付するのが一般的です。その結果、実際の申告により確定した税額が、見込納付額より多ければ追加納付、少なければ還付となります。

なお、利子税は税額を納付期限までに納めなかった場合に課税される延滞税（P.177参照）と異なり、損金算入されます。

右に述べた見込納付は地方税（事業所税を除く）も同様です。

※16 「申請」は、1回すれば新たに申請する必要はありません。

※17 消費税、事業所税については、申告期限の延長の規定がありません。

また、連結納税を採用している場合などで、連結子法人が多数あることなどにより法人税の額の計算を決算日から2カ月以内に終了することができない常況にある法人については、所轄税務署長に申請し承認を受けることで原則としてさらに1カ月（つまり決算日から4カ月以内）申告期限を延長できます。

※18 申告期限が延長できるケースは次の三つです。
① 被災した一定地域の法人に期日を指定して行う期限の延長
② 被災した法人の書面申請による期限の延長
③ 事業年度終了の日から45日以内に書面申請して認められる期限の延長
（本来の申告期限の翌日から利子税がかかります）

第9章　税額の計算と申告納付の手続き

■災害のときは申告期限を延長できる

災害などでどうしても申告できないときは申告期限を延長できる場合があります。(※18)

これは地方税も同様です。なお、東日本大震災の場合には特別の定めが置かれました。

6　中間申告のやり方には2つの方法がある

■中間申告は6カ月間を一期間として申告納付する

事業年度が6カ月を超える会社の場合は、初めの6カ月を1期間として中間申告を行います。(※19)中間申告の期限は、6カ月を経過した日から2カ月以内です。この期限までに税金も納付します。

中間申告による納税は、事業年度終了後に確定する一年度分の法人税の一部を前払いするものだと考えればいいでしょう。中間納付額は確定申告の時に年税額から差し引くことにより精算します。

中間納付額は、前期の税額をベースに計算する方法と当期の中間決算をベースに計算する方法の2つがあります。(※20)

会社はこの2つの方法を自由に選択できますが、前者の方が一般的です。

■仮決算による中間申告は確定決算と同じように

申告書作成の手続きは、確定申告の場合とだいたい同じですが、特定同族会社の留保金課税の計算は不要である、必要な添付書類が少ない等のちがいがあります。

確定決算と同じように申告納付が必要なので事務手続きが増えるというデメリットがあ

※19　設立初年度は申告、納付とも不要です。

※20　具体的には、①前期の法人税額の2分の1を申告納付する前年実績による予定申告と、②6カ月を一事業年度とみなして仮決算をし、確定決算と同じように申告納付をする仮決算による中間申告、の2つの方法です。もし、①の予定申告も②の中間申告も両方ともしなかった場合には、自動的に①の予定申告がされたものとみなされます。したがって、この場合には前期の法人税額の2分の1を中間申告として納付しなければならなくなります。

なお、①の方法で計算した税額が10万円以下のときは、予定申告書を出す必要はありませんし納付も不要です。しかし、②の方法を選択した場合には、計算した税額が10万円以下であっても申告納付が必要となります。

また、平成23年度税制改正により②の仮決算により計算した税額が①の前期納税実績の税額を超える場合、または①の前期納税実績の税額が10万円以下の場合には、②の仮決算による中間申告書の提出はできないこととなりました。

7 法人住民税と法人事業税、地方法人特別税の申告納付のしかた

■確定申告は原則2カ月以内にする

法人住民税や法人事業税、地方法人特別税は、法人税の所得あるいは税額などを基礎に計算しますが、確定申告書は法人税と同じように、事業年度終了後原則2カ月以内に事務所所在地の都道府県税事務所や市町村役場に提出します。納税も法人税と同様、この申告期限までに都道府県や市町村に対して行います。

中間申告も、法人税に準じて扱われます。申告期限の延長も、法人税と同様です。

■法人住民税は都道府県や市町村により税率がちがう

法人住民税は、都道府県や市町村に事務所をおいて事業活動をしている会社に対して課される税金で、都道府県民税と、市町村民税に分かれ、さらに①均等割額、②法人税割額、③利子割額、の三種類があります（図表9-8）。

法人税割の税率は、地方税法が定める標準税率をもとに、各都道府県や市町村がそれぞれの条例で定めています。2つ以上の都道府県、市町村に本支店がある場合には、各都道府県、市町村の法人税割は課税標準となる法人税額をそれぞれの県や市の本支店の従業者数で按分して計算します。

りますが、当期が前期より減益となる予定の場合には中間申告時の納税額を少なくすることができるというメリットがあります。

これは、仮決算による中間申告により多額の中間納付をして還付加算金を狙う行為を防止するために制定されたものです。

図表9-8 法人住民税の概容

都道府県民税	均等割額	黒字、赤字問わず課税され、資本金額と従業員数に応じて税額が定められています。東京都23区の場合、市町村民税と合わせて最低7万円かかります。
	法人税割額	法人税額を基礎として課税されます。東京都23区の場合、市町村民税と合わせて、17.3％です。
	利子割額	預貯金の利子に対して5％課税されます。
市町村民税	均等割額	黒字、赤字問わず課税され、資本金額と従業員数に応じて税額が定められています。
	法人税割額	法人税額を基礎として課税されます。

173　第9章　税額の計算と申告納付の手続き

図表9-9　法人事業税、地方法人特別税の税率

税目	税率
法人事業税	①所得割額 　年400万円以下の所得金額×2.7％（1.5％） 　年400万円超800万円以下の所得金額×4％（2.2％） 　年800万円超の所得金額部分×5.3％（2.9％） ※（　）内の税率は外形標準課税適用法人の税率です。なお、中小法人は①の所得割額のみ課税されます。 ②付加価値割額 　付加価値割×0.48％ ③資本割額 　資本金等の額×0.2％
地方法人特別税	標準税率による事業税所得割×81％（外形標準課税適用の大法人は148％）

(注) 上記の税率は標準税率となります（制限税率は標準税率の1.2倍）

■法人事業税、地方法人特別税の課税のしくみ

　法人事業税は事務所などがある都道府県に申告納付するものです。課税のもとになるのは法人税と同じように事業年度の所得額で、この所得額をもとに計算するものを「所得割」といいます。法人住民税の税率も法人事業税と同様、各都道府県で条例により定められています。中小法人については所得割のみが課税されます。大法人については、所得割のほかに、「付加価値割」(※21)と「資本割」(※22)という外形的な要素を加味して事業税が課税（外形標準課税）といいます）されます。

　また、地域間の税源偏在を是正するため、税体系の抜本的改革が行われるまでの暫定措置として、法人事業税の一部を分離した「地方法人特別税」があります。地方法人特別税は事業税の所得割をもとに算出します。

　なお、法人事業税、地方法人特別税は申

※21「付加価値割」とは、会社が生み出した付加価値の総額に対して課税されるもので、その計算方法は、単年度損益に報酬給与額、純支払利子（支払利息－受取利息）、純支払賃借料（支払賃料－受取賃料）を加算した付加価値額に税率を乗じて求めます。

※22「資本割」とは、資本金等の額に一定の税率を乗じて求めます。

告書（確定申告書、予定申告書および仮決算による中間報告書）を提出した日の事業年度において損金算入されます。

2つ以上の都道府県に本支店がある場合には、従業者の数や事務所数等事業の種類ごとに定められている基準にしたがって課税標準を各都道府県ごとに按分し税額を計算します。

図表9－9は、事業税、地方法人特別税の税率についてまとめたものです。

8　申告ミスがある場合は修正をする

■修正申告は申告内容にミスがあったときにする

提出した申告書の税額が過少であったり、欠損金が過大であったり、還付金が過大であるなどのミスをした場合には修正申告書を提出することができます。

■申告ミスは更正され無申告は決定される

申告書を提出したあと、税務署長は、申告書に記載された所得金額や税額などが税法の規定にしたがっていないと認めたり、調査したところとちがったりした場合には、正当な所得金額や税額などを是正する権限をもっています。この行政処分を「更正」といいます。

簡単にいうと、会社が自分でミスを訂正するのが前項の「修正」、税務署が訂正するのが「更正」です。

これと同じように使われる言葉に「決定」があります。これは会社が申告書を提出しなかったために税務署長が調査した上でその所得金額や税額などを計算して定める手続きです。

図表9-10　修正申告、更正、決定および更正の請求

内容	手続をする者	修正の内容
修正申告	納税者	当初申告した法人税額を増額
更正	税務署	当初申告があった法人税額を増額または減額
更正の請求	納税者	当初申告した法人税額を減額
決定	税務署	納税者の申告がなかった場合に税務署が税額を決定

■更正の請求とは過大申告である申告書の税額が過大であったり、還付金が過少であったりした場合には、法定申告期限から5年以内であればその申告納税額を正しく直すよう求めることができます。

これを「更正の請求」といいます。簡単にいうと、税額を減らす方向に訂正するのが前述の「修正申告」で、税額を増やす報告に訂正する手続きが「更正の請求」です。いずれも会社自身が行う手続きです。

従来は、更正の請求をすることができる期間は法定申告期限から1年以内でしたが(※23)、平成23年度第二次税制改正により、平成23年12月2日以後に法定申告期限が到来する法人税については、5年に延長されました。

なお、平成23年12月2日より前に法定申告期限が到来する法人税で、更正の請求期間を過ぎたものについては「更正の申出書」(※24)の提出があれば、3年に限って更正の請求と同様に減額の更正を受けることができます。

9 滞納や過少申告などの際に課されるペナルティー

■滞納や過少申告などにはペナルティーが課せられる

定められた期限までに申告しなかったり納税しなかったり、あるいは適正な税額計算をしていなかったりした場合には、ペナルティーが課せられます。

このペナルティーを附帯税といい、図表9—11のようなものがあります。

※23 改正前は、法定申告期限から1年経過後の過大税額等の修正を求める手続きは法的には手当てされておらず、税務署長に対して税額の変更をお願いするという実務慣行(これを「嘆願」とよびます)が広く行われていました。

※24 これより前の税額を減額する手続きは、従前どおり、嘆願の手続きを経ることになります。

●節税ポイント

■附帯税を少なくする

附帯税については次のような点に留意します。

① 決算処理が遅れたため申告期限内に確定申告書を提出することが難しそうであっても、とりあえず低めの所得で期限内に申告し、その後、決算が確定したら早急に修正申告するようにします。こうすれば、無申告加算税や過少申告加算税は課税されません。

② 法人税の更正や決定を受けた場合でも法人事業税の修正申告をすることは可能です。法人税の更正をしなくても都道府県や市町村が後日更正や決定の通知を送ってきますが、法人税の更正・決定後1カ月以内に修正申告すれば、過少申告加算金は課税されません。また、無申告加算税が課税される場合についても税率が軽減されるため、早期に修正申告をします。

第9章 税額の計算と申告納付の手続き

図表9-11 附帯税の内容と税額

区 分（注1）	内 容	税 額
①延滞税［延滞金］	(a)法定納期限までに法人税を納付しなかったとき (b)期限後申告書、修正申告書を提出し、または更正、決定を受けたため納付税額が生じたとき (c)中間納付額を法定納期限までに完納しないとき	未納の本税額×年14.6％ （ただし、法定納期限から2カ月以内は原則年7.3％） （注2）
②利子税［延滞金］	申告期限を延長した場合に、延長した期間分について①に代わり課されます。なお、附帯税の中で唯一損金算入されます。	年7.3％（注3）
③過少申告加算税［過少申告加算金］	修正申告書を提出した場合（税務調査によらずに自発的に修正申告をすればかかりません）	修正申告で納付する税額（増差税額）×10％ （ただし、増差税額のうち期限内の申告税額または50万円のいずれか多い金額を超える場合は15％）
④無申告加算税［無申告加算金］	申告期限後に申告書を提出した場合（申告期限から2週間以内に自発的に申告書を提出し、かつ、申告期限までに全額納税が済んでいる場合はかかりません。）または決定があった場合	期限後申告で納付する税額×15％ （ただし、自発的に申告した場合は5％に軽減）
⑤重加算税［重加算金］	税額計算の基礎となる事実を隠ぺいしたり仮装したりした場合に③、④に代えて課されます。	③に該当するときは納付税額×35％ ④に該当するときは納付税額×40％

（注1）［　］で記載したものが地方税です。なお、法人住民税には加算金の制度がなく、延滞金のみかかります。
（注2）法定納期限から2ヶ月以内は年7.3％あるいは前年11月30日現在の「基準割引率」（いわゆる以前の公定歩合のこと。たとえば平成22年1月1日から平成24年12月31日までの期間の基準割引率は、0.3％）に年4％の割合を加算した率のいずれか低い割合となります。よって、右の期間の適用率は年4.3％となります。なお、平成25年度税制改正により平成26年1月1日以後は次のようになります（P.199参照）。
　・14.6％→特例基準割合＋7.3％（※25）
　・7.3％→特例基準割合＋1％
（注3）平成26年1月1日以後は特例基準割合となります。

※25 「特例基準割合」とは、各年の前々年の10月から前年の9月までの各月における銀行の新規の短期貸出約定平均金利の合計を12で除して得た割合として各年の前年の12月15日までに財務大臣が告示する割合に、年1％の割合を加算した割合をいいます。

第10章 国際課税

■国際課税の本質は二重課税と税の空白の回避にある

現在のように、ビジネスがグローバルで展開される時代になると、税務担当者は日本国内のみならず、グローバルで税コストを安くすることができないかと考えていく必要があります。国際課税とは、国境を超える経済活動に対する課税のことをいいますが、その本質は各国の課税権の綱引きにあります。国境を超える経済活動に対する課税権を各国がもっていたとした場合、その取引が外国で課税される一方で、日本でも課税されるとなると、二重課税の問題が生じます。逆に、外国でも日本でも課税されない場合、課税の空白が生まれます。つまり、課税当局にとってみれば、国際課税はこれらの二重課税、税の空白をどう回避するかという問題の解決がその根本に横たわっているわけです。

■居住地国課税と源泉地国課税

国境を超える経済活動に対する課税の方法として、大きく、居住地国が課税するという「居住地国課税」と、所得の生まれた国が課税する「源泉地国課税」の考え方があります。

図表10−1は「居住地国課税」の考え方をイメージしたものです。居住地国（日本）の法人が外国（ブラジル）で稼いだ所得を居住地国（日本）の課税当局が課税するというものです。ブラジルも同じ考えをとっているのであれば、この法人はブラジルでは外国法人

となり課税されず、二重課税は起こりません。

次に、**図表10-2**は「源泉地国課税」の考え方をイメージしたものです。この場合、居住地国（日本）の法人がブラジルで稼いだ所得は居住地国（日本）ではなく、源泉地国（ブラジル）が課税することとなります。ブラジルも同じ考えをとっていれば、この法人はブラジルの課税当局に課税されることとなり、二重課税は起こりません。

しかし現実には**図表10-1・10-2**に記載した問題があり、現状では両者の考え方を合わせた課税方法がとられています。第1章でもみたとおり、日本の税法では、内国法人は

図表 10-1　居住地国課税

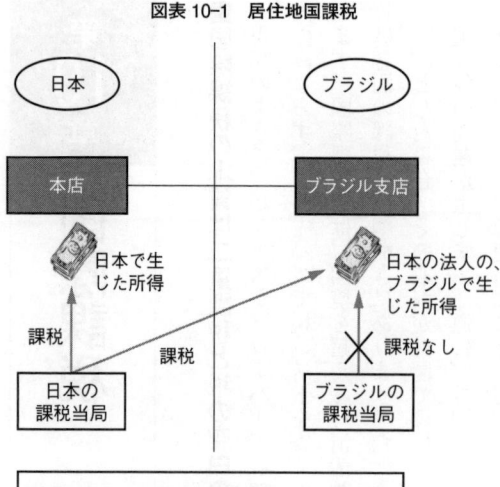

日本 ／ ブラジル

本店 ─── ブラジル支店

日本で生じた所得 → 課税 → 日本の課税当局

日本の法人の、ブラジルで生じた所得 ─ 課税なし ─ ブラジルの課税当局

両国が居住地国課税を徹底すると、源泉地国は課税できないこととなります。
●問題点→投資を受ける新興国にとって不利

図表 10-2　源泉地国課税

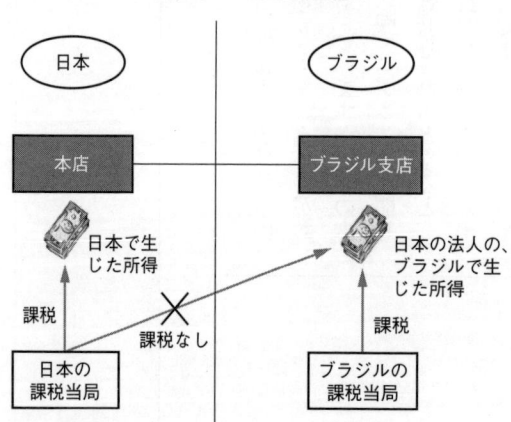

日本 ／ ブラジル

本店 ─── ブラジル支店

日本で生じた所得 課税なし✕ 日本の課税当局 課税

日本の法人の、ブラジルで生じた所得 → 課税 → ブラジルの課税当局

両国が源泉地国課税を徹底すると、居住地国はブラジルで生じた所得に課税できないこととなります。
●問題点→投資側の先進国にとって不利

全世界所得課税となっているため、進出先の国でも課税されると二重課税問題が生じることとなります（図表10—3）。

■日本本店—外国支店間の二重課税の回避策としての外国税額控除制度

図表10—4のように支店形態をとったケースでは、ブラジル支店で生じた所得に対して通常ブラジル政府が課税をすることになります。したがって、日本の本店においては、外国税額控除制度（P.164参照）を利用してブラジルで納めた税金相当額を日本で納める税

図表 10-3　現状の課税方法

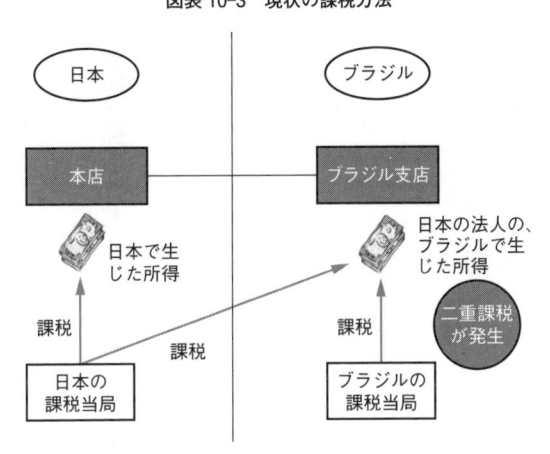

現状では、日本の法人がブラジルで生じた所得は、日本でもブラジルでも課税されるという二重課税問題が生じています。

図表 10-4　外国税額控除制度

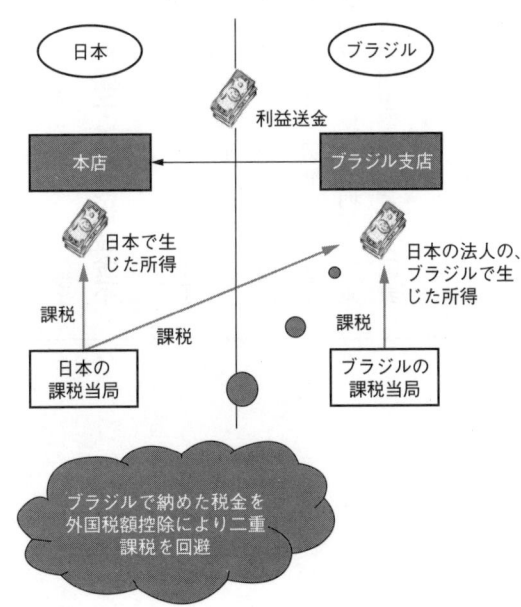

ブラジルで納めた税金を外国税額控除により二重課税を回避

金から控除してもらうことで二重課税が回避されることとなります。

■日本親会社─外国子会社間の二重課税の回避策としての外国子会社配当益金不算入制度

一方、支店形態でなく子会社形態をとった場合は、法人格が別々ですので、ブラジル子会社はブラジルで納税することとなり、ブラジル子会社の所得に対して日本で直接課税されることはありません。しかしその所得を日本に配当として還流させる場合、この配当に対して日本で課税されると、外国支店の場合と同様、二重課税問題が発生します（図表10-5）。

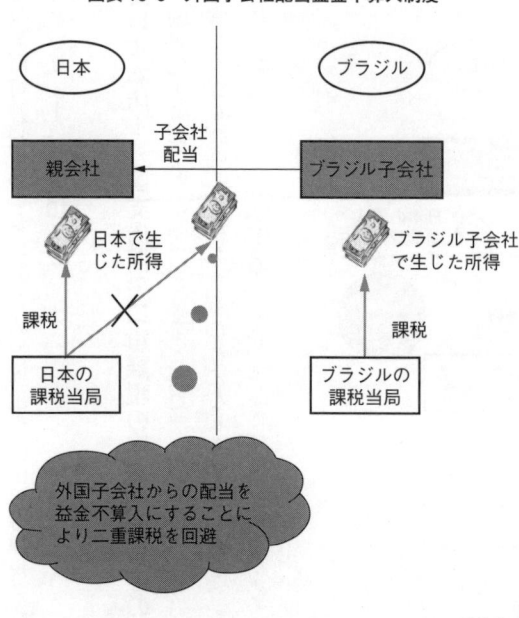

従来は、この外国子会社からの配当も日本で益金にする一方で、外国子会社が現地で納付した税金相当分を「間接税額控除（※1）」として税額控除を認めていましたが、平成21年度税制改正により一定の「外国子会社（※2）」からの配当を益金不算入にするという制度に変更され、間接税額控除制度も

図表10-5 外国子会社配当益金不算入制度

（日本）　　　　　　（ブラジル）
　　　　　子会社
　　　　　配当
親会社　←　　　　　ブラジル子会社

日本で生じた所得　　ブラジル子会社で生じた所得

課税　✕　　　　　　課税
日本の課税当局　　　ブラジルの課税当局

外国子会社からの配当を益金不算入にすることにより二重課税を回避

※1　平成21年度税制改正前は、海外支店が納めた税金の控除を「直接税額控除」とよび、海外子会社等が納めた税金の控除を「間接税額控除」とよんでいました。

※2　「外国子会社」とは、内国法人が外国法人の発行済株式等の25％（租税条約（P.185参照）等で持株割合要件が緩和されている場合はその緩和された割合。例：米国10％）以上の株式等を配当等の支払義務が確定する日以前6カ月以上引き続き直接保有している場合の外国法人をいいます。

これに伴い廃止されました。

なお、益金不算入額は全額ではなく配当には5%の費用がかかるとみなされ、結果として益金不算入額は95%となります。留意が必要です。

■外国子会社合算課税制度（タックス・ヘイブン対策税制）

前述の外国子会社益金不算入制度は、外国子会社で税金を納付していることを前提としていましたが、仮に「タックス・ヘイブン」(※3)に子会社を設立し、全く納税がなかったとしましょう。そうすると、企業はペーパー・カンパニーを作ってここに所得を移転し、それを日本に還流せず再投資することでうまく税金を回避することが可能となります。

これらの租税回避を防止するために昭和53年にタックス・ヘイブン対策税制が創設されました（**図表10－6**）。当時は、外国子会社からの配当には課税されましたので、

図表10-6　外国子会社合算課税

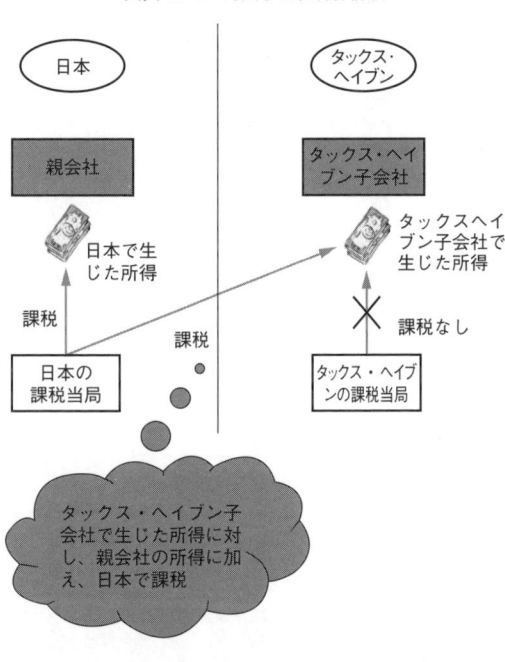

日本　　　　　　　　タックス・ヘイブン

親会社　　　　　　　タックス・ヘイブン子会社

日本で生じた所得　　タックスヘイブン子会社で生じた所得

課税　　　課税　　　課税なし

日本の課税当局　　　タックス・ヘイブンの課税当局

タックス・ヘイブン子会社で生じた所得に対し、親会社の所得に加え、日本で課税

※3 「タックス・ヘイブン」とは英語で「租税回避地」のことですが、一般に無税または税負担割合が極めて低い国や地域のことをいいます。

一定の条件に該当する外国子会社等（「特定外国子会社等(※4)」といいます）の留保所得に対して課税を行うという制度でした。その後外国子会社益金不算入制度の導入に伴い、外国子会社からの配当が益金不算入になりましたので、子会社が配当しようがしまいが、タックス・ヘイブン子会社等（特定外国子会社等）で生じた所得を日本の親会社の所得に合算するという制度（外国子会社合算課税制度）になりました。なお、本制度は租税回避防止が目的ですので、仮に税率が低税率であったとしても、その外国子会社がきちんとしたビジネスを行っている等、一定の判定要件（適用除外要件）に合致すれば、この税制は適用されません。

■所得移転への対応策としての移転価格税制

皆さんもメディア等で、移転価格税制関連でグローバル企業が巨額の更正処分を受けた等のニュースを耳にされたことがあろうかと思います。

国境を越える親子会社間等の取引(※5)では、企業グループとして利益の最大化を図るため、親子会社間等の取引価格は、独立した第三者との取引価格（これを「独立企業間価格」といいます）とは乖離する傾向があります。このような関連する企業間取引で付される価格を「移転価格」とよんでいます。国としては、これを野放しにしておくと、税率の高い国での所得を圧縮し、税率の低い国へ所得を集約させる等の操作が可能となり、課税上弊害がでることから、その取引価格を独立企業間価格に引き直して日本における所得を再計算する移転価格税制が、昭和61年度税制改正により創設されました（図表10-7）。移転価格税制には独立企業間価格の算定という経済的分析手法が必要となるなど、他の税制にはない特色があります。(※6)

※4 「特定外国子会社等」とは、内国法人等が発行済株式の総数の50％超を直接・間接に保有する外国法人（外国関係会社）で、その本店等の存在する国・地域におけるその所得に対して課される税の負担が、日本において課される税の負担と比べ著しく低いものをいいます。この著しく低いかどうかを判定する税率は「トリガー税率」ともよばれ、現在は20％となっています。

※5 移転価格税制の対象となる取引とは、内国法人および一定の外国法人と、「国外関連者」との取引になります。
「国外関連者」とは、その法人と下記のような関係のある法人をさします。
①50％以上の持株関係がある場合（親会社、子会社の関係）
②その法人の親会社が同一の法人の場合（兄弟会社の関係）
③実質的支配がある場合

※6 移転価格税制で実務上論点となるのが具体的な「独立企業間価格」の算定です。実際の価格の算定方法は、税法等に詳細な規定がありますが、実際の取引価格を「あるべき」価格に修正するため、その価格の根拠固めが必

■国際的な経済活動を促進するために租税条約がある

平成24年4月現在、日本は64カ国の国・地域と53の租税条約を締結していますが、租税条約の目的は、①国際的な二重課税の排除、②国際的な脱税や租税回避の防止、税務当局間の国際協力を通じて、国際的な経済活動を促進することにあります。

租税条約は基本的には二カ国間の条約で、取り決めの内容は条約により異なるものの、OECDモデル条約(※7)・国連モデル条約(※8)・アメリカ財務省モデル条約(※9)といった租税条約のひな型があります。日本では、平成14年に新日米租税条約が発効して以来、日本が締結する

での相互協議等の制度を活用することとなります。

図表10-7 移転価格税制

日本 / 低税率国等

親会社 →所得移転→ 在低税率国子会社

↓課税　↓課税　↑低税率課税

日本の課税当局　低税率国の課税当局

日本から低税率の国等へ所得を移転させ、日本での課税を回避することの防止策として移転価格税制などがあります。

仮に移転価格税制で日本の親会社で多額の更正処分を受けた場合、理論上は外国の子会社での納税額も減額されるべきところですが、課税権は別々ですので、外国の課税当局が自動的に還付をするという義務を負っているわけではありません。そうすると二重課税が発生しますので、租税条約

※7 「OECDモデル条約」とは、経済協力開発機構（OECD）が加盟国各国に対して採用を勧告している租税条約のひな型のことをいいます。

※8 「国連モデル条約」とは、国連が採択した租税条約のひな型で、先進国と開発途上国間のモデル条約です。OECDに比べ開発途上国の意見が反映されていることから、源泉地国の課税権を配慮した内容になっています。

※9 「国連モデル条約」とは、国連が採択した租税条約の雛型で、先進国と開発途上国間のモデル条約です。OECDに比べ開発途上国の意見が反映されていることから、源泉地国の課税権を配慮した内容になっています。

要になります。実務上、対象となるビジネスやリスクなどを経済学的に分析するテクニックが必要となります。欧米の大企業やプロフェッショナルファームには、これらの価格算定を専門とするエコノミストを多く抱えているところもあります。

租税条約のポリシーは、アメリカ財務省モデル条約寄りの考え方になってきています。具体的には、なるべく源泉税を減免し国際的な投資交流の促進を図る一方で、租税条約濫用防止のため特典制限条項(※10)を設けるようになっています。

租税条約は国内税法より優先適用されますので、税務担当者としては、取引の課税関係につき租税条約に当てはめ、日本国内の税法が租税条約に基づきどのように修正されるか検討する必要があります。したがって、ある取引が国内税法上課税となっていても、租税条約で減免の取扱いがあれば、結論としては減免になりますので、税務担当者は、租税条約にも通じておく必要があります。

※10 「特典制限条項 (LOB：Limitation of Benefits)」とは、租税条約上の軽減税率や免税等の特典を受けられる者の資格を制限しようとする条項をいいます。

第11章 グループ法人税制

1 グループ法人税制のしくみ

■制度の趣旨

平成22年度税制改正で、グループ法人税制という制度が創設されました。企業グループを対象とした法制度や会計制度が定着しつつある中、税制においても法人の組織形態の多様化に対応するとともに、課税の中立性・公平性などを確保するため、導入されたものです。グループ法人税制は100％グループ内の関係(※1)のある会社同士を一体として考え、課税しようという税制です。グループ経営に影響を与える項目が含まれていますので注意が必要です。

■適用される会社の範囲をしっかり押さえよう

グループ法人税制は100％グループが適用対象となります。具体的には、会社または個人によって、直接もしくは間接に株式を100％所有されている関係にある会社が対象となります(図表11-1)。また、外国法人(※2)がグループの頂点となっている場合でも、100％グループを形成することになります。ただし、外国法人及び個人との取引について

※1 これを「完全支配関係」とよんでいます。

※2 「外国法人」とは、内国法人以外の法人をいいます。ここで「内国法人」とは、日本国内に本店または主たる事務所がある法人をいいます。

図表11-1　適用対象の具体例
　　　　　　⌐ ¬内がグループ法人税制の適用対象

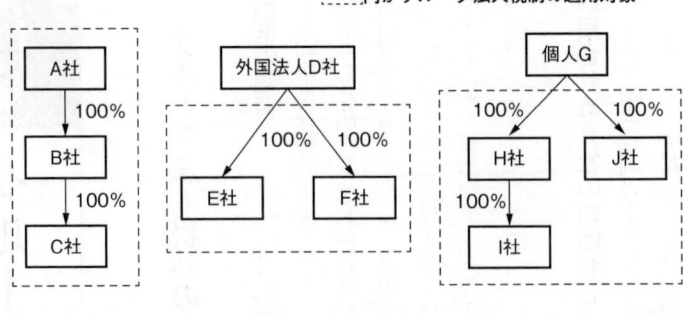

```
  A社              外国法人D社            個人G
  ↓100%          100%↙   ↘100%      100%↙   ↘100%
  B社              E社      F社          H社       J社
  ↓100%                                ↓100%
  C社                                   I社
```

■制度の主な内容

100%グループ法人税制の主だった内容は次のとおりです。

① 資産の譲渡取引

100%グループ内の内国法人間で一定の資産の売買等を行った場合に生じる譲渡損益については、その時点では認識しません。グループ外に譲渡等したときに譲渡損益を認識することになります。

は本制度の適用対象には該当しません。

ここで注意するポイントは、グループ法人税制の適用対象となる会社の把握です。対象法人が少ない場合は把握しやすいですが、会社数が多かったり、間接保有など所有関係が複雑になってくると網羅的に適用対象会社を把握するのが難しくなってきます。また、個人を筆頭とするグループも適用対象となってきますので、予め資本関係図を作成するなどして、把握もれがないようにしましょう。適用対象会社となる会社を把握し損ねると、税務上調整すべきものも反映できなくなってしまうので、要注意です。

※3　「一定の資産」とは、固定資産、棚卸資産に該当する土地等、有価証券（売買目的有価証券を除きます）、金銭債権、繰延資産のうち帳簿価額が1,000万円以上のものをいいます。

第11章 グループ法人税制

図表 11-2 グループ法人税制と連結納税制度の相違点

内容	グループ法人税制	連結納税制度
適用方法	強制適用	任意適用
申告・納税義務	各法人	連結親法人
対象	100％資本関係のある会社	
所得通算（注）	不可	可能
グループ内の資産の譲渡	譲渡時点では譲渡損益を認識しません。	
グループ内の寄附金	支出側は損金不算入、受取側は益金不算入	
グループ内の受取配当金	受取側は全額益金不算入	
中小企業向け特例措置	親会社の資本金が5億円以上である場合は、不適用	親会社の資本金が1億円超である場合は、すべての子会社が不適用

（注）「所得通算」とは、連結グループ会社内に、黒字会社と赤字会社が存在する場合に、黒字と赤字とを相殺することをいいます。これによって、税額を少なくできるというメリットがあります。

② 寄附金
100％グループ内の内国法人間の寄附金については、支出側では損金不算入、受取側では益金不算入となります。

③ 受取配当
100％グループ内の法人からの受取配当金については、負債利子の控除（P.147参照）は行わず、全額を益金不算入とすることができます。すなわち、親会社が受け取る配当には税金がかかりません。

④ 中小企業向け特例措置の不適用
親会社の資本金が5億円以上である100％子会社の場合は、中小企業向けの税制における特例措置(※4)が適用できなくなります。

※4 「特例措置」は次のとおりです。
・中小法人の軽減税率（P.156参照）
・特定同族会社の特別税率の不適用（P.158参照）
・貸倒引当金の法定繰入率による繰入（P.98参照）
・交際費等の損金不算入制度における定額控除制度（P.77参照）
・欠損金の繰戻しによる還付制度（P.167参照）

2 連結納税制度との比較

■ 連結納税制度とは別物です

グループ法人税制は連結納税制度と似ていますが、内容は異なります。主な異同点を示すと図表11−2のようになります。

● 節税のポイント　適用の有利判定をする

グループ法人税制が強制適用として創設され、大企業の100％子会社などは中小企業の特例の適用を受けられなくなりました。ケースによっては連結納税制度を選択適用した方が税務上有利に働くことがあります。個々のケースに応じてシミュレーションをして有利判定を行うことになります。連結納税制度適用の最大のメリットは、グループ会社間の黒字と赤字が相殺できる所得の通算にありますので、グループ内の各社の損益予測、将来計画を踏まえて連結納税制度を適用するか否かの判定を行いましょう。

第12章 消費税と法人税

■消費税の入門の入門

この本は法人税の入門の本ですので、ここまで、消費税についてはほとんど触れてきませんでした。しかし、営業部員が社内の精算書で費用の支払いを請求する場合も、あるいは経理部員が会計上のさまざまな取引を起票する場合も、いつも消費税の処理がついて回ります。

そこで、ここでは消費税と法人税の関係について採り上げてみたいと思います。

■消費税の処理を誤ると法人税の計算も誤る

会社のさまざまな取引には、消費税のかかるものと消費税のかからないものとがあります。たとえば、役員や従業員に対する給料や退職金の支払い、慶弔見舞金の支払いなどには消費税がかかりませんが、同じ人件費でも派遣会社に支払う人材派遣料は消費税がかかります。また、取引先を接待した場合の飲食代には消費税がかかりますが、同じ交際費でも商品券を購入して取引先に贈ったり、取引先の従業員の葬式に出席して香典を包んだりした場合には、消費税がかかりません。(※1)

どのような取引に消費税がかかり、どのような取引に消費税がかからないのかについては、消費税の教科書に譲ることにして、ここでは、もし消費税の課否（消費税がかかるのか、かからないのか）を誤るとどのような影響があるのかについてご説明したいと思います。

※1　消費税のかかる取引を「課税取引」といいます。また、消費税のかからない取引には次のようなものがあります。

① 課税対象外取引（「不課税取引」ともいいます。）
国外での取引など、消費税の対象にならない取引です。

② 非課税取引
「消費」という考え方になじまない取引や理論的には消費税を課税するべきだが、政策的に課税しないことにしている取引です。たとえば、住宅の貸付けなどがこれにあたります。

③ 免税取引
輸出取引に該当する場合は消費税が免除されます。

消費税の経理処理には「税込経理処理」と「税抜経理処理(※2)」とがあり、比較的多くの会社では税抜経理処理が採用されています。そこで、ここでは税抜経理処理を前提としてご説明します。

税抜経理処理では、損益計算書上の数字はすべて消費税抜きの金額で計上されます。当然、法人税の計算も消費税抜きの金額をもとに計算されます。

もし、派遣社員の給与を消費税のかからない課税対象外取引で処理してしまった場合には、**図表12-1**のように利益の金額や法人税の所得の計算も誤ってしまいます。

図表 12-1　消費税の処理を誤った場合

消費税の処理を誤ると、次のように利益や所得も誤って計算されてしまいます。（税抜経理処理の場合）（注）

【誤った処理】
人材派遣料 210,000 円を課税対象外取引で処理してしまった。
(借) 給料　210,000　　　(貸) 現金　210,000

【正しい処理】
人材派遣料は課税取引ですので、正しくは以下のように処理します。
(借) 給料　200,000　　　(貸) 現金　210,000
　　仮払消費税　10,000

　誤った処理では、給与が 10,000 円多く計上され、この結果、会計上の利益や所得が正しい金額よりも 10,000 円少なくなってしまいます。
　なお、この場合、消費税は正しい金額よりも 10,000 円多く納付することになります。この結果、法人税は 10,000 円の 40％の 4,000 円が過少、消費税は 10,000 円が過大となるので、差し引き 6,000 円の税金を過大に納付することになります。

（注）税込経理処理の場合は、消費税の金額が誤って損益計算書に計上されることにより、利益の金額や法人税の所得の金額が誤って計算されることになります。

第12章 消費税と法人税

■消費税の取扱いは法人税にならう

消費税は、法人税とはまったく別個の税金です。そもそも課税のしくみも異なります。

しかし、消費税の計算上ある取引をどの年度に帰属させるかは、基本的に法人税の扱いにならいます。

たとえば、年度末近くに商品を出荷し、翌年度に入ってから相手方の検収があった場合に、法人税は検収基準により相手方が検収した日に売上を認識するということはできません。会社が採用している収益の計上基準に従って、会計上、収益を認識し、それにしたがって法人税も消費税も処理をするのですから当然のことです。

■消費税の取扱いが法人税と異なる場合もある

しかし、消費税の取扱いが法人税と大きく異なる場合もあります。

たとえば、税抜き200万円の自動車（定額法・耐用年数5年）を購入し、消費税を10万円支払ったものとします。この場合、法人税では購入した年度に一度に200万円を損金算入することはできません。5年にわたって毎期40万円ずつ減価償却を行い、この減価償却費の計上によって損金算入することになります。これに対し、消費税は、購入した年度に一括して10万円を仮払消費税に計上し、仕入れにかかる消費税額を控除することになります（※2）。

20万円未満の資産を取得した場合、法人税の取扱いは三つの選択肢があります（P.109参照）。通常の減価償却により損金算入するか、一括償却資産の特例により購入した年度から3年にわたって均等償却するか、あるいは青色申告している中小企業者等なら、購入

※2 消費税の計算の基本的な仕組みは次のとおりです。

消費税額＝[売上げにかかる消費税額]−[仕入れにかかる消費税額]

このため、建物など高額の資産を取得した場合には、仕入れにかかる消費税額が大きくなり、上の式の答えがマイナスになって、消費税が還付される場合があります。

した年度に全額を損金算入することも可能です。法人税の取扱いをどのように選択するかによって、消費税の取扱いは変わってくるのでしょうか？

この場合、法人税の計算上どのような取扱いを受けたとしても、消費税は、購入した年度に一括して10万円を仮払消費税に計上し、仕入れにかかる消費税額を控除することになります。

このように、特に資産を取得した場合等は消費税と法人税の取扱いが異なりますので、注意が必要です。

■平成25年度税制改正について

平成25年度税制改正は、平成25年1月24日に与党で大綱が決定され、3月29日に改正法が成立しました。

平成25年度の税制改正は「強い経済」を取り戻すことに全力で取り組むという決意のもと、法人税の分野では、①民間投資の喚起による成長力強化、②人材育成・雇用対策、③中小企業対策に係る税制の見直しが行われています。法人税関係の主な改正の概要は左記のとおりです。

1 生産等設備投資促進税制【新設】

【概　要】
国内設備投資の需要喚起のため、国内設備投資を増加させた法人が新たに国内で取得等した機械・装置について、30％の特別償却または3％の税額控除の制度が設けられました。

【適用年度】
平成25年4月1日から平成27年3月31日までの間に開始する各事業年度（設立事業年度を除きます）

【対象法人】
青色申告法人

【適用要件】
次の要件をすべて満たすこと。

① 適用事業年度中に取得し、その事業年度終了の日にお

【要件①(b)】年間総投資額が前事業年度と比較して10％超増加

【要件①(a)】年間総投資額が適用事業年度の減価償却費超

生産等設備への年間総投資額

生産等設備への年間総投資額（前事業年度）

機械・装置への投資額（適用事業年度）

30％の特別償却
または
3％の税額控除
（法人税額の20％を限度）

いて有する国内事業用の生産等設備の取得価額の合計額が次の(a)および(b)の金額を超えること。

(a) その法人の有する減価償却資産につき当期の償却費として損金経理をした金額(※2)

(b) 前事業年度において取得等をした国内の事業の用に供する生産等設備の取得価額の合計額の110%相当額

② その生産等設備を構成する資産のうち機械装置をその法人の国内にある事業の用に供したこと。

【特例の内容】

次の①または②のいずれかを選択適用できます。

① 新たに国内において取得等をした機械・装置の取得価額の30％の特別償却

② その取得価額の3％の税額控除（当期の法人税額の20％を限度）

2 所得拡大促進税制【新設】(※3)

【概　要】　個人の所得基準の底上げを目的として、会社が給与等支給額を増加させた場合、その増額について10％の税額控除ができる制度が設けられました。

【対象法人】　青色申告法人

【適用年度】　平成25年4月1日から平成28年3月

【要件①】給与等支給額が基準事業年度と比較して5％以上増加
【要件②(a)】給与等支給額が前事業年度を下回らないこと

給与等支給額　　増加額　　基準年度からの増加額

10％の税額控除
（法人税額の10％（中小企業等は20％）を限度）

平均給与等支給額　　平均給与等支給額　　平均給与等支給額

基準事業年度（平成24年度）　　平成25年度　　平成26年度

【要件②(b)】平均給与等支給額が前事業年度の平均給与等支給額を下回らないこと

※1　「生産等設備」とは、その法人の製造業その他の事業の用に直接供される減価償却資産（無形固定資産および生物を除きます）で構成されているものをいいます。なお、本店、寄宿舎等の建物、事務用器具備品、乗用自動車、福利厚生施設等は、該当しません。

※2　償却費として損金経理をした金額は、前事業年度の償却超過額等を除き、特別償却準備金として積み立てた金額を含みます。

※3　雇用者の数が増加した場合の法人税額の特別控除制度（雇用促進税制）、復興産業集積区域において被災雇用者等を雇用した場合の法人税額の特別控除制度、避難解除区域等において避難対象雇用者等を雇用した場合の法人税額の特別控除制度または立地促進区域において避難対策雇用者等を雇用した場合の法人税額の特別控除制度との選択適用となります。

第12章 消費税と法人税

31日までの間に開始する各事業年度

【適用要件】次の要件をすべて満たすこと。

① 適用事業年度において国内雇用者に対して給与等を支給する場合において、その法人の雇用者給与等支給額（雇用者給与等支給額に対する割合が5％以上であること（※4）
② 次の(a)および(b)の要件を満たすこと。
(a) 雇用者給与等支給額が前事業年度の雇用者給与等支給額を下回らないこと。
(b) 平均給与等支給額が前事業年度の平均給与等支給額を下回らないこと。

【特例の内容】雇用者給与等支給増加額の10％の税額控除ができます（控除税額は、当期の法人税額の10％（中小企業者等については、20％）を限度とします）。

3 商業・サービス業および農林水産業等の中小企業等の設備投資促進税制【新設】

【対象法人】卸売業、小売業、サービス業及び農林水産業を営む中小企業等で経営改善に関する指導および助言（※7）を受けた青色申告法人（※8）

【適用期間】平成25年4月1日から平成27年3月31日まで

【適用要件】適用期間中にその指導および助言（※9）に伴い、器具備品および建物附属設備の取得等をして指定事業の用に供したこと。

【特例の内容】次の①または②のいずれかを選択適用できます。なお、税額控除の場合、控除限度超過額は1年間の繰越しができます。

（※4）「国内雇用者」とは、法人の使用人（法人の役員およびその役員の特殊関係者を除きます）のうち法人の有する国内の事業所に勤務する雇用者をいいます。

※5 「雇用者給与等支給額」とは、各事業年度の所得の金額の計算上損金の額に算入される国内雇用者に対する給与等の支給額をいいます。

※6 「基準雇用者給与等支給額」とは、平成25年4月1日以後に開始する各事業年度のうち最も古い事業年度の直前の事業年度（基準事業年度）の所得の金額の計算上損金の額に算入される国内雇用者に対する給与等の支給額をいいます。

※7 「経営改善に関する指導および助言」とは、商工会議所、認定経営革新等支援機関等による法人の経営改善およびこれに必要な設備投資等に係る指導および助言をいいます。

① 取得価額の30％の特別償却

② 取得価額の7％の税額控除（控除税額は当期の法人税額の20％を限度）

4　試験研究を行った場合の法人税額の特別控除（研究開発税制）の見直し【改正】

① 試験研究費の総額に係る税額控除制度、特別試験研究費の額に係る税額控除制度、中小企業技術基盤強化税制および繰越税額控除限度超過額に係る税額控除制度、中小企業者等税額控除限度超過額に係る税額控除制度について、2年間の時限措置として次のとおり控除税額の上限が引き上げられました。

（改正前）　当期の法人税額の20％

（改正後）　当期の法人税額の30％

② 平成25年4月1日から平成27年3月31日までの間に開始する各事業年度に適用されます。

5　雇用者の数が増加した場合の法人税額の特別控除（雇用促進税制）の見直し【改正】

平成25年4月1日以後に開始する事業年度から税額控除限度額が次のとおり引き上げられました。なお、適用要件の判定の基礎となる雇用者の範囲について改正されています。

（改正前）　増加雇用者数1人当たり20万円

（改正後）　増加雇用者数1人当たり40万円

※8　税額控除の対象法人は、資本金の額等が3000万円以下の中小企業等に限ります。

※9　対象となる器具備品は、1台または1基の取得価額が30万円以上のもので、対象となる建物附属設備は、一の取得価額が60万円以上のものです。

※10　「指定事業」とは、卸売業、小売業、サービス業および農林水産業（これらのうち性風俗関連特殊営業および風俗営業に該当する一定の事業を除きます）をいいます。

6 中小法人の交際費等に係る損金算入の特例の見直し【改正】

① 平成25年4月1日以後に開始する事業年度から定額控除限度額が次のとおり引き上げられました。

（改正前）　600万円
（改正後）　800万円

② 定額控除限度額までの金額の損金不算入措置（10％）が廃止されました。これにより、定額控除額の800万円までは全額損金算入できるようになりました。

7 延滞税等の見直し【改正】(※11)

① 延滞税の割合は、各年の特例基準割合(※12)が年7.3％に満たない場合は、その年中においては次の割合によることになりました。
特例基準割合(※13)に年7.3％を加算した割合または特例基準割合に年1％を加算した割合（上限年7.3％）

② 法人税に係る利子税の割合は、各年の特例基準割合が年7.3％に満たない場合には、その年中においては、特例基準割合とされます。

③ 還付加算金の割合は、各年の特例基準割合が年7.3％に満たない場合には、その年中においては、特例基準割合とされます。

※11　この改正は、平成26年1月1日以後の期間に対応する延滞税等について適用されます。地方税の延滞金も同様の改正が行われています。

※12　「特例基準割合」とは、各年の前々年の10月から前年の9月までの各月における銀行の新規の短期貸出約定平均金利の合計を12で除して得た割合として各年の前年の12月15日までに財務大臣が告示する割合に、年1％の割合を加算した割合をいいます。

※13　改正前は年14.6％

※14　納期限の翌日から2月を経過する日までの延滞税に適用されます。

執筆者対談

いまさら人に聞けない〜正しい領収書のもらい方

【出席者】

司会　日野西資延（税務経理協会）

コメンテーター（執筆者）

馬場一徳　青山隆治　奥秋慎祐　野田美和子

【プロローグ】

会社に勤めている人なら誰でも、お店や他の会社から領収書をもらい、社内で精算する、ということを日常的にしているでしょう。

しかし、お店のレジで「領収書をください」というと、

「宛名はどうしますか？」

「○○株式会社でお願いします。漢字は…」

「かしこまりました。但し書きはお品代でよろしいですか？」

「いえ、パソコン代でお願いします。」

などと、お店の人とやり取りをしなければならず、面倒なことこの上ありません。「なんでレシートじゃダメなんだ?!」と思ったことはありませんか？

「領収書の正しいもらい方」はとても基本的なことなのですが、実は法人税法に規定があるわけではなく、そのせいか法人税の教科書でもほとんど扱っていません。

そこで、本書では、税務経理協会の本書編集担当の日野西さんに司会をお願いして、執筆者4名で「正しい領収書のもらい方」について対談をすることにしました。

■レシートではダメなのか？

司会：まずは基本的なことですが、**領収書はなんのためにあるのですか？**

一般の会社の営業さんとか、何のために領収書が必要なのか、よくわかっていない人が多いような気がします。

```
【領収書】

        領 収 証        馬 場 一 徳    様

        ┌─────────────────────────┐
        │    ＊¥1,050,000-        │
        └─────────────────────────┘

         但  お品代として

  内訳                 平成25年3月15日  上記正に領収いたしました
  ┌──────────────┐
  │消費税額等 ¥50,000-│      渋谷桜丘商事株式会社
  └──────────────┘      東京都渋谷区桜丘町〇丁目〇番〇号
                         TEL 0123-456-789  FAX 0123-456-789
```

```
【レシート】

         〇〇マート
      東京都渋谷区桜丘町〇丁目〇番〇号
          TEL  0123-456-789
       2013年03月15日(金)  18:00

       〇〇〇          500
       △△△        1,000
       合計         1,500
       お預り       2,000
       お釣り         500

      お買上明細は上記のとおりです。
      上記正に領収いたしました
```

青山：一言でいえば「証明書類」ですね。領収書は、自社の経理処理が正しいことを税務署や監査法人などの第三者に証明する書類として必要です。外部が発行した証明力の高い証拠書類として形式上の問題について相談を受けますね。**一番よく聞かれるのが、手書きの領収書でないとダメなのか、レシートでもいいのか、ということです。**

司会：それはどちらでもいいものなのですか？

青山：手書きの領収書でも、宛名が「上様」で、但し書きが「お品代」だったら何もわかりません。それにくらべたら、レシートの方が内容が詳しく書かれているので、ずっと証明力がありますよね。

野田：たしかに最近は、手書きの領収書よりもレシートの方が税務上も証明力があると言われていますね。

馬場：たとえば飲み屋さんに行ったときでも、レシートだったら、人数や何を注文したかも書いてありますからね。

青山：それだと嘘はつけませんね（笑）

奥秋：たしかに、レシートの方が品名が細かくわかるから証明力が高いっていう面もあるんですけど、レシートには宛名が入らないじゃないですか。だから、いかよう

青山：手書きの領収書でも、宛名については、本人が会社名を言ってお店の人はそのとおりに書いてくれるだけでしょう？　身分証明書を確認するわけじゃないですから。そうすると、手書きの領収書がレシートよりも証明力が高いっていうことはないですよね。会社名を書いてもらおうが「上様」と書いてもらおうが、たいして変わらない。いえば空欄のままだって、たいして変わらない。

野田：そうすると、**手書きの領収書に会社名を正式名じゃなく略称で記載してもらうのもOKですか？**

馬場：確かに「レシート・万歳」（笑）みたいな考え方でいくと、宛名に社名を書いてもらうにしても略称で十分じゃないかということにもなりますよね。それどころか、上様だってOKだと。だって、宛名なんて書いていないレシートでもOKなんだから。

奥秋：税務上は、宛名が入るという意味で、レシートより領収書が基本ということはありますよね。不特定多数のお客さんが買い物をするお店の場合は、青山さんのいうように領収書もレシートもたいして変わらないけど、会社どうしの場合は、お互いの素性がはっきり分かって発行される領収書だから、宛名が入っていて当然だし。レシートでもいいっていうのは、BtoBじゃなくてBtoCの小売店みたいな場合のことでしょうね。

馬場：金額的なレベル感もありますね。

青山：会社の内規で「何万円以上だったら会社名をきちんと書いてもらって正式な領収書をもらいなさい」と決めてる会社もありますね。

奥秋：上様は駄目と内規で決めている会社もありますね。

青山：結論としては、場合によっては領収書ではなくレシートでもいいけれども、会社の内規があれば、それに従うことになります。

■**領収書の但し書きは「お品代」でもOKか？**

馬場：宛名が書いてないのがレシートの欠点だけど、但し書きが「お品代」って省略されちゃいがちなのが手書きの領収書の欠点ですね。有名デパートの中にも、最初から領収書に「お品代」ってプレ印字されちゃってるところもある（笑）。

奥秋：逆にいえば、領収書で「品代」っていうことですよね。一応、「品代」だけでもOKだるってことですよね。一応、「品代」だけの記載は認められるってことですよね。

青山：ただ、そういう場合は、社内精算書に、補足的に担当者が品名を書かないといけませんよね。内部資料に よってきちんと補われていれば、証拠力として問題ないということですね。

奥秋：たしか、某電器量販店では領収書の但し書きを「品代でお願いします」と言うと、品代じゃ駄目で、「具体的に書かないと駄目なんです」と断られてしまいますよね。領収書を発行する側のルールがある場合もありますね。

■消費税では領収書の条件が決められている

奥秋：今までの話は法人税法上の話で、今度は消費税法上の話もすると、仕入税額控除をするためには領収書とかエビデンスがないと駄目だということになっていますね。そしてエビデンスとして認められる条件も決められています。

青山：領収書についていうと、日付、但し書き、宛名、発行者名ですね。消費税法上はこれらの記載がある領収書を保存しておかないと、仕入税額控除ができないということですね。

奥秋：ということは、消費税法上は空欄は駄目ってことです

ね？

青山：空欄の部分があると仕入税額控除ができないという話になっちゃうんでしょうね、厳密に言うと。日付と内容、金額、宛名、ああ宛名か。そういえばレシートは宛名がないですね（笑）。

馬場：消費税法上は、不特定多数の人がお客さんになるような、小売業や飲食店などは、宛名の書いていないレシートでOKということになってるから、大丈夫ですね。

司会：クレジットカードの利用明細は領収書の代わりになりますか？

馬場：法人税はいちおうOKだけど、消費税は駄目ですね。クレジットカードの利用明細は領収書じゃないですからね。

司会：消費税が駄目っていうのは、どういうことですか？

奥秋：クレジットカードの明細は消費税法が定めている領収書の条件に当てはまらないんです。だから仕入税額控除をするための根拠資料としては認めてもらえない。

青山：ああ、そうなんですね。

奥秋：携帯電話料金の引き落としの場合って、最近はいちいち領収書をもらえないですよね。エビデンスといって

奥秋：だから、実際、エビデンスとしてはクレジットカードの請求明細くらいしかないというケースが山ほどあるんですけど、そういう場合は困りますね。

野田：領収書がなくても請求書があればいいんですよね？

奥秋：請求書があればOKです。

野田：特に携帯電話料金のように、請求書も大切なエビデンスになってくるということですね。ただ、事業者が作成した書類じゃないと駄目だから、やっぱりクレジットカードの請求明細だと消費税のエビデンスにはならないですね。

青山：ああ、クレジットカード会社は事業者と消費者の間に入ってますからね。

奥秋：クレジットカードが駄目なんでしょうけど、実務的には何もないよりははるかにマシですけどね（笑）。

野田：携帯電話の場合などは、手数料を払ってでも、本当は領収書を発行してもらわなきゃ駄目だということですね。

も、通帳の写しかクレジットカードの明細しかないじゃないですか。

■日付が空欄だったり宛名が個人名だったりしたら？

司会：よく、受け取った領収書を後で見てみたら、日付が空欄だったという場合がありますよね。思わず自分で書き入れてしまいたくなりますが、この辺は自分で書き加えてしまってもいいんでしょうか？

馬場：基本的には、社員には、自分で手を入れるなということを徹底して、空欄があるような場合は、社内精算書などで補足してもらうのでしょうね。

野田：もう一つ、たまに相談を受けることがあるんですけど、従業員が経費を立て替えたけれども、**領収書の宛名を会社名ではなく、個人名で貰ってきてしまった**ーこんなときはどうしたらいいですかね（笑）

青山：それ結構あるかもしれない（笑）

司会：新入社員とかにありがちな間違いですね（笑）

馬場：これはかわいそうなんですけど、経理の人に聞くとあっさりと「貰い直してください」って言われちゃうことが多いんですかね（笑）

奥秋：僕も貰い直してくださいって言っちゃいますね。

青山：私は社内精算書の備考欄などで事情を書いてもらえばいいかなと思いますけどね。全体としての証明力の問題でしょうね。もちろん嘘は駄目ですけど。

馬場：基本的には会社名でもらい直してほしいけれど、なんとかなることもあるというところでしょうか。もちろん金額にもよりますけどね。

奥秋：オーナー会社の場合で、社長さんが個人名義で領収書を貰っちゃった場合はどうですかね？

青山：それは駄目ですよね（笑）。

馬場：オーナー会社の社長さんとか、その家族とかの名前が領収書の宛名に入ってしまったような場合は貰い直してもらいたいですね（笑）

奥秋：問題になりますよね。トラブルの元です。いかにもプライベートの支出を会社にまわしてきたみたいに見えますからね。

■領収書がない場合はどうする？

司会：領収書のコピーは領収書の代わりになりますか？

青山：コピーは駄目でしょう。

馬場：私は領収書のコピーは、法人税は場合によってはOKだと思うんですけど。

青山：じゃあいくらでもコピーできますね（笑）

奥秋：よくあるのは感熱紙の領収書だと年数経つと見えなくなってしまうので、それをコピーして、原本は見えなくなってしまうからコピーのほうを保存用としてとっておきましょう、というケースです。たぶんこういう場合は結局最後はコピーしか残らない。そうすると、コピーの方がいいですねということになるのかなと。

馬場：何でコピーなのか、理由があっていいと思います。だって、お金を使ってのことなら、私はい一応は推定できるから。もちろん不正をしたら駄目ですけど。でも消費税のほうは厳密には駄目でしょうね。原本じゃないですから。薄くなって見えなくなった感熱紙とそのコピーを両方保管しておくしかないか（笑）

奥秋：馬場さんがおっしゃったように、コピーになっている理由が合理的なものであるならOK、ということなんでしょうね。コピーの理由が合理的なものであるなら

司会：その辺って、明確な決まりっていうのはないってことなんですか？

青山：一応、決まりという意味ではオリジナルが決まりなんでしょうね。コピーは想定していないということなんでしょう。

奥秋：コピーは手を加えられる可能性があるから駄目ということなので、要するに証明力の問題ですね。

執筆者対談　いまさら人に聞けない～正しい領収書のもらい方

馬場：結論としては、領収書のコピーは原則は駄目、ただ理由によっては、やむを得ない場合があるかもしれないということですね。

奥秋：コピーじゃなくて、スキャナでPDF化して保存するって人もいますよね。かさばるから全部PCに保存しているど。

青山：法律的には電子帳簿保存法の承認を受けてやらないといけないですね。

野田：振込通知書はどうでしょう。コンビニとかで払ったり、銀行のATMで振込をした場合で、領収書を発行してもらえないときとかですね。

奥秋：振込通知書って日付とか金額とか最低限のことしか証明できないですよね。なぜお金を払ったのかは証明できない。

馬場：請求書と振込通知書がセットになっていれば証拠書類としてOKでしょうね。振込通知書単独では、ちょっと駄目ですね。

野田：パソコンでダウンロード購入したソフトウェアの場合なんかどうですか？　PCで買うと領収書がなくて、メールの通知になってしまうことがよくありますが。

奥秋：そういう場合はメールをプリントアウトしてとってお

くしかないですね。事実を証明できる唯一の外部の証拠書類ということですから、認めざるをえないと思います。

司会：電車賃の場合は何にもエビデンスが残りませんね。

青山：結局、外部から発行されるものがないので、自分で記録をとっておくということですよね。近距離の電車賃なら、日付、行き先、経路、金額、用務などを一覧表に記録して定期的に社内精算するのが一般的です。

司会：電車賃の場合って、Suicaに記録が残ったりしますよね。そこまでの提出は求められてないでしょうか？

青山：会社によっては、営業マンに持たせているところもありますよね。経理がSuica（ICカード）を調達して社員に渡して、精算報告書みたいなのを出させる。

奥秋：Suicaの場合、たとえば5千円チャージしましたと。そうすると5千円のチャージの領収書が発行されるんですが、5千円で経費として精算してくる人がいますね。あれはやっぱり駄目ですよ。

一同：あー、駄目ですね。

馬場：期末に未精算分を調べて差し引けば、すべて事業用の交通費に使っていたという推定が成り立つという考え

野田：金額の証明はできなくても、行った事実は証明できるので、そこに金額を書いておくということですよね。

青山：これも社内規定によるんじゃないですかね。結構厳しいところは駄目なところあります。

馬場：自腹になっちゃうんですか？

奥秋：駄目なときは自腹もありますね。精算しませんって会社。

馬場：融通がきく会社だったら、無くしちゃった人に一筆書いてもらうんですかね。

野田：再発行をお願いするしかないですね。

奥秋：再発行してくれないところがあるんですよ。

司会：領収書を無くしちゃった場合はどうでしょうか？

野田：でも、Suicaってコンビニでも使えるから、何買ってるかわからない（笑）

方もあるかもしれませんけど、基本的には駄目ですよね。

馬場：まとめてますね（笑）

青山：いずれにしても、結局、外部から何か言われたときに、客観性をどう確保するかという視点を社員みなが持つことが大事でしょうね。あらゆるケースを想定することはできないから。

野田：で、証拠力を高めておくと。

あります。

■交際費の領収書

司会：領収書を複数枚にわけてもらうのは、OKですか？

野田：実負担分に応じて分けてもらうのは有りですよね。でも、よく聞かれるのは備品の購入費を10万円未満にしたいから、バラしてもいいですかって（笑）。これは駄目ですね。

青山：備品は10万円未満か、10万円以上かで法人税の取り扱いがちがいますからね。この辺は、詳しくは本文参照ですね（P.107）（笑）。

馬場：会社の補助が出ますという場合で、会社の補助の金額だけ領収書が欲しいという場合はどうでしょう。

青山：たしかにしょっちゅう領収書をなくすようなことがあったら、税務署も心象を悪くしますからね。

奥秋：タクシーの領収書とかは結構なくしがちなので、金券代わりだと思ってしっかり精算してもらわないといけないですね。

青山：始末書（笑）

司会：ところで領収書が出ないといえば、香典もそうですね。

馬場：香典の場合はよく香典返しの封筒をとっておく会社が

青山：それはいいんじゃないですか？

馬場：たとえば自腹の分と会社の分を分けたいと。ただ、交際費の場合、法人税では参加者1人当たり5千円以下なら損金算入できるという規定がありますよね。これも詳しくは本文参照ですけど（P.82）（笑）。分ける前の全体の金額を人数で割ると1人当たり5千円を超えると5千円以下になるから損金算入する、というのは分けた後の会社の領収書の金額を人数で割ると駄目でしょうね。5千円の判定は、分ける前の全体の金額でやらなきゃいけないから。

野田：交際費といえば、接待をしたときのタクシー代は交際費じゃなくて交際費にしなければいけないわけですが、交際費になるタクシーの領収書は、本当は交際費ってメモしておいてくれると経理の人や私たちは助かりますよね。

青山：たしかに社内精算書がないような場合は領収書にそういうメモ書きがあるといいですね。

奥秋：社内精算書も、参加人数とか接待の相手とか、1人当たりの金額とか、税務の要件を満たすかどうかが自動的に判定できるようなフォーマットを用意しておくといいですね。

馬場：さっき、交際費の5千円基準の話が出ましたが、接待をした場合の領収書の但し書きに「飲食代○名様」と書いてもらうというのもいいかもしれませんね。つまり、お店に人数まで書いてもらって、交際費の非課税規定が適用できるかどうか、人数も含めてお店に証明してもらうんです。特に中小企業にはオススメの方法です。

■領収書の管理の仕方

司会：領収書の保管方法はどのようにするのがいいのでしょうか？

奥秋：新設の会社さんによく聞かれますね。よくあるのが、相手先別、日付順などですけど。

青山：日付順がいいんでしょうね。

奥秋：たしかに、領収書の相手先はバラエティに富んでいることが多いので、日付順の方が整理がしやすいですかね。請求書とか見積書は相手先別で分けてる会社さんも多いですね。

野田：ところで、皆さんは、会社さんには台紙に貼って整理するのをおすすめしてますか？

馬場：一番ちゃんとやるとするとこういう感じですかね。社

野田：内精算書を台紙代わりにして領収書を貼り付けて、科目別・日付順に全部ハンコで押保管していく。経理処理をした経緯が精算書に全部ハンコで押されていくので、これが一番理想的ですね。

奥秋：ある程度の規模の会社はそうかもしれませんが、小規模の会社の場合はちょっと難しいですね（笑）。

青山：帳簿と領収書がリンクするように、仕訳番号や伝票番号を領収書にメモしたり、ナンバリングしたりするとか工夫しているケースもありますね。

司会：領収書はどれくらいの期間、保管する必要がありますか？

青山：法人税法上は7年ですね。

馬場：会社法は10年ですね。だから、結論としては領収書は10年保存しないといけない。実際、10年でやっている会社が多いですね。

例えば、飲み食い代でも会議費として使ったのか交際費として使ったのか問題になるわけですから、会議費に使ったのなら、それを証明できるように工夫して証拠を残しておくということですね。こういうことをコツコツとマメにしておくことが、節税につながっていく。

青山：コツコツとマメにが節税に（笑）

司会：他になにかありますかね？

野田：嘘はいけないっていうのはありますよね。

青山：架空経費をやると、刑法にもひっかかってお縄頂戴になります。絶対やっちゃ駄目です！

奥秋：それを指導するのが、経理だったり税理士ですかね。

馬場：まとめ方が綺麗すぎですかね？（笑）

■領収書を使って節税する

司会：領収書を使った節税法ってなにかありますか？

青山：まずは、まめに経費処理をすることでしょうね。なくさないのが第一（笑）。

馬場：もうひとつは使い道をはっきりさせておくということ。

さいごに（監修のことば）

本書は、むずかしいといわれる法人税を実務の観点から、はじめて学ぶ人にもわかりやすく解説したものです。

いまから30年も前になりますが、私がふるさと信越化学工業（株）で勤め人をしているときに初めて出版した書籍も、同じ「法人税実務マニュアル」という書名でした。できる限り「経理・財務」部門で働くひとの視点に立ち、執筆したことを覚えています。

皆様が手にしているこの書籍も、「実務の現場で働くビジネスパーソン（経理・営業・総務・人事）の視点を第一」に据えて書かれています。読者の皆様が日々の業務を行い、法人税の処理でなにか困ったとき、さらに勉強したいときに有用です。

これはひとえに執筆者である馬場一徳さん、青山隆治さん、野田美和子さん、奥秋慎祐さんが事業会社などでの実務を豊富に経験していることにも関係があるかと思います。けっして上から目線にはならず、フラットな視点で書かれていることは本書の大きな特徴です。

読者の皆様が本書を利用して、仕事に大いに役立てていただけることを心から願っております。

金児　昭

特定同族会社の留保金課税 157	法人税の税率 155
特典制限条項 186	法人税割 172
特別償却 112	法定外の福利厚生費 62
独立企業間価格 184	法定繰入率 98
	法定福利費 60
	法律上の貸倒れ 99,102

な行

内国法人 4
納品基準 21
延払基準 24,28

ま行

前払費用 131
みなし役員 44
未払いの交際費 81
無形減価償却資産 106
無申告加算金 177
無申告加算税 177

は行

売価還元法 32
賠償金 139
売買があったものとされる場合 121
罰金 139
販売奨励金 91,92
販売促進費 91
販売手数料 94
判例 19
非課税の接待交際費 82
引渡し 21
引渡基準 21
1人あたり5,000円以下の接待費 82
評価損 36
ファイナンス・リース取引 120
賦課課税方式 12,130
付加価値割 173
福利厚生費 60
負債利子の控除額 146
付随費用 106
不相当に高額な役員給与 47
附帯税 175,176,177
復興特別所得税 162
船積基準 21
返品調整引当金 38
法人事業税 173
法人住民税 172
法人税額計算の手順 156

や行

役員賞与 43
役員退職金 51
役員に昇格した際に支払われる退職金
.... 59
役員報酬 43
有価証券の評価損 135
有形減価償却資産 106
有姿除却 115
予定申告 171
予約販売 24

ら行

リース取引 119
利益連動給与 46
利子税 177
利子割 172
留保金課税 158
領収書 201
レシート 202
レジャークラブの入会金 138
連結納税制度 189,190
労働保険料 62

出向･････････････････････ 69
出向先････････････････････ 69
出向者給与の精算･････････････ 70
出向者に支払う退職給与････････ 74
出向元････････････････････ 69
取得価額･･････････････････ 106
少額減価償却資産･･･････････ 107
商業・サービス業および農林水産業等の
　中小企業等の設備投資促進税制････ 197
上場株式の評価損･･･････････ 136
使用人兼務役員･･････････ 49,160
試用販売･･････････････････ 23
消費税･･･････････････････ 191
正味売却価額･･･････････････ 31
除却･･･････････････････ 114
除却損･････････････････ 114
所得････････････････････ 4
所得拡大促進税制････････････ 196
所得税額控除･･････････････ 162
所得の計算期間･････････････ 12
所有権移転外ファイナンス・リース取引
　･････････････････････ 120
所有権移転外リース取引･･･････ 119
所有権移転ファイナンス・リース取引
　･････････････････････ 120
白色申告･･････････････････ 12
申告期限･････････････････ 169
申告調整･･････････････････ 7
申告調整事項････････････････ 6
申告納税方式･･･････････ 12,129
税額控除･････････････････ 161
生産等設備投資促進税制････････ 195
税法特有の繰延資産･･････････ 133
セール・アンド・リースバック取引･･ 120
創業記念品･････････････････ 66
総平均法･･････････････････ 32
創立費･･････････････････ 133
租税条約･････････････････ 185

損金･････････････････････ 5,10
損金算入できる税金･･････････ 129
損金算入の税金････････････ 128
損金不算入の税金･･････････ 128

た行

退職給付費用･･････････････ 58
退職給与の負担金･･･････････ 74
退職金の損金算入の時期･･･････ 51
耐用年数････････････････ 112
タックス・ヘイブン対策税制････ 183
建物賃借のための権利金等･････ 133
棚卸計算法････････････････ 30
棚卸資産の評価方法の変更承認申請書
　････････････････････････ 33
短期所有株式等の配当金･･････ 145
短期前払費用･････････････ 131
地方法人特別税････････････ 173
中間申告････････････････ 171
中間納付････････････････ 171
中古資産の耐用年数･････････ 113
中小企業者等の少額減価償却･･･ 108
中小企業等投資促進税制･･･････ 112
長期割賦販売等････････････ 24
通達･････････････････････ 19
定額控除限度額････････････ 77
定額法･････････････････ 110
低価法･････････････････ 31
定期同額給与････････････ 46,47
定率法･････････････････ 111
適用額明細書････････････ 169
転籍･････････････････････ 69
同族会社････････････････ 157
特定外国子会社等･･･････････ 184
特定公益増進法人等に対する寄附金･ 124
特定資産の買替えによる圧縮記帳･･ 152
特定同族会社････････････ 158
特定同族会社の判定･････････ 159

経済的利益	50
形式上の貸倒れ	100,102
継続記録法	30
慶弔見舞金	64
決算締切日の10日間前倒し	40
欠損金の繰戻しによる法人税額の還付	13
決定	174
原価差額	36
減価償却	105
減価償却資産	106
減価償却方法	110
原価法	31
研究開発税制	164,198
減算調整項目	6
検収基準	21,27
源泉地国課税	179
源泉徴収	53
現物給与	65
公共的・共同的施設負担金	133
広告宣伝資産の贈与費用	133
交際費	77,199
交際費と寄附金・売上割戻し	89
交際費と広告宣伝費	86
交際費と福利厚生費	84
交際費の損金不算入額	77
更正	174
更正の請求	175
更正の申出	175
功績倍率法	52
購入	35
購入した場合の取得価額	106
国連モデル条約	185
国庫補助金	149
個別評価金銭債権	97,103
個別評価の貸倒引当金	97
個別法	32
雇用者の数が増加した場合の法人税額の 特別控除	198
雇用促進税制	165,198

さ行

最終仕入原価法	32
再調達原価	31
債務確定主義	10
先入先出法	32
仕入値引	39
仕入戻し	39
仕入割引	39
仕入割戻し	39,40
試験研究を行った場合の法人税額の 特別控除	164,198
自己が便益を受けるための費用	133
事実上の貸倒れ	99,102
自社製造	35
自社で建設、製作、製造した場合の 取得価額	106
事前確定届出給与	46,48
実現主義	21
実効税率	2
執行役員	45
資本的支出	117
資本等取引	11
資本割	173
社会保険料	60
社債等発行費	133
重加算金	177
重加算税	177
従業員の給料	53
従業員の退職金	57
従業員表彰	64
修正申告	174
修繕費	117
修繕費か資本的支出かの判定フロー	118
出荷基準	21,27

索引

あ行

- 青色欠損金 ･･････････････････ 167
- 青色欠損金の繰越控除 ････････ 167
- 青色欠損金の繰戻し還付 ･･････ 169
- 青色欠損金の繰越 ･･･････････････ 13
- 青色申告 ････････････････････････ 12
- 圧縮記帳 ･･･････････････････････ 149
- 圧縮限度額 ････････････････････ 150
- アメリカ財務省モデル条約 ･････ 185
- 洗替え低価法 ･･････････････････ 32
- 委託販売 ････････････････････････ 23
- 著しく陳腐化した場合 ････････････ 37
- 一括償却資産 ･･････････････････ 108
- 一括評価金銭債権 ･････････････ 98
- 一括評価の貸倒引当金 ････････ 98
- 移転価格 ･･･････････････････････ 184
- 移転価格税制 ････････････････ 184
- 移動平均法 ･･･････････････････････ 32
- 受取配当金 ････････････････････ 143
- 打ち切り支給 ････････････････････ 59
- 売上原価 ･･･････････････････ 29,30
- 売上値引 ･･･････････････････････ 37
- 売上の計上基準 ･････････････････ 22
- 売上戻り ･････････････････････････ 37
- 売上割戻し ･････････････････ 37,38
- 永年勤続表彰 ･･･････････････････ 66
- 益金 ･･･････････････････････････････ 5
- 役務の提供を受けるための費用 ･･････ 133
- 延滞金 ･･････････････････････････ 177
- 延滞税 ･･････････････････････ 177,199
- OECDモデル条約 ････････････ 185
- オペレーティング取引 ･･･････････ 120

か行

- 海外渡航 ･･･････････････････････ 139
- 外貨建債権債務 ･･･････････････ 141
- 外貨建取引 ････････････････････ 141
- 会議費 ･･･････････････････････････ 80
- 開業費 ･･････････････････････････ 133
- 会計上の繰延資産 ･････････････ 133
- 外形標準課税 ･････････････････ 173
- 外国子会社合算課税制度 ･･･････ 183
- 外国子会社配当益金不算入制度 ･･････ 182
- 外国税額控除 ･････････････････ 164,181
- 外国法人 ･･･････････････････ 4,187
- 開発費 ･･････････････････････････ 133
- 確定決算 ･･･････････････････････････ 11
- 確定申告書 ････････････････････ 169
- 加算調整項目 ･････････････････････ 6
- 貸倒実績率 ･････････････････････ 98
- 貸倒損失 ･･･････････････ 95,99,102,103
- 貸倒引当金 ････････････････ 95,103
- 貸倒れの事実を証明する書類 ･･･ 100
- 過少申告加算金 ･･･････････････ 177
- 過少申告加算税 ･･･････････････ 177
- 割賦販売 ･･･････････････････････ 24
- 株式交付費 ････････････････････ 133
- 仮決算による中間申告 ････････ 171
- 仮払いの交際費 ･･･････････････ 81
- 間接税額控除 ･････････････････ 182
- 寄附金 ･････････････････････ 69,123
- 寄付金の損金算入限度額 ･･････ 124
- 期末賞与 ･････････････････････････ 56
- 期末評価法 ･･･････････････････････ 31
- 旧定額法 ･･･････････････････････ 110
- 旧定率法 ･･･････････････････････ 110
- 居住地国課税 ･････････････････ 179
- 切放し低価法 ････････････････････ 32
- 均等割 ･･････････････････････････ 172
- 国等への寄附金 ･･･････････････ 123
- 繰延資産 ･･･････････････････････ 132
- グループ法人税制 ･････････････ 187

青山　隆治
（あおやま　りゅうじ）

[略歴]

1965年京都市生まれ。大阪市立大学経済学部卒業。筑波大学大学院ビジネス科学研究科博士前期課程修了。税理士・公認内部監査人。

日本生命保険（主計部等）、プライスウォーターハウスクーパースコンサルタント㈱等を経て、現在、リソース・グローバル・プロフェッショナル・ジャパン㈱　コンサルタント。主にグローバル企業に対して経理・財務領域での課題解決サービス提供等、多国籍環境下にある経理・財務の実務の現場で活躍している。また、青山隆治税理士事務所代表としても活躍している。

[著作・論文]

「個人の金融所得課税のあり方について─金融資産滅失損の控除に関する一考察─」（2006年・第15回租税資料館賞奨励賞受賞論文）

『キャリアアップを目指す人のための「経理・財務」実務マニュアル　上・下』（共著・2012年・税務経理協会）

『外資系CFO＆コンサルタントが書いた 外資系企業経理入門』（共著・2013・税務経理協会）

野田　美和子
（のだ　みわこ）

税理士、神田外語大学非常勤講師

[略歴]

1972年千葉県生まれ。学習院大学文学部卒業。住友海上火災保険株式会社（現三井住友海上火災保険株式会社）、新創税理士法人等を経て独立。設立したての法人を中心に、税務・会計・経理面のサポートを行っている。

『キャリアアップを目指す人のための「経理・財務」実務マニュアル　上・下』（共著・2012・税務経理協会）

奥秋　慎祐
（おくあき　しんすけ）

公認会計士、税理士、早稲田大学商学部非常勤講師
サンセリテ会計事務所代表（メールアドレス：zeikin@sincerif-kaikei.jp）

[略歴]

東京生まれ。早稲田大学商学部卒業。22才で公認会計士試験2次試験に合格し、大手監査法人で上場企業の監査に携わる。その後、ロンドン留学を経て、少数精鋭の事務所に転職。そこで、中小企業、上場企業の税務、組織再編に取り組む。2008年に独立。

現在は、上場企業から中小企業、個人まで幅広いクライアントを持つユニークなオフィスを経営している。プライベートでは、2児の父として、「幸せな子育て」を実践しながら、クライアントの幸せと豊かさを様々な側面から応援している。

著者紹介

【監修者】
金児　昭 (かねご あきら)

経済・金融・経営評論家、作家、信越化学工業顧問、日本 CFO 協会最高顧問。

[略歴]

1961 年、信越化学工業入社。依頼 38 年間、「経理・財務」部門の実務一筋。1922～1999 年、常務取締役（経理・財務、法務、資材関係担当）。1994 年～1997 年、公認会計士試験（筆記・口述）試験委員。1996 年～社交ダンス教師有資格者、1998～2000 年、金融監督庁（現金融庁）顧問（専門分野「企業会計」）。2011 年 1 月 1 日『世界と/または日本「経理・財務」研究学会』（World and/or Japan "Accounting & Finance" Association）を創立、初代会長。

[著作]

『Mr. Chihiro Kanagawa ; The Management of The World's Best Business Leader』『自由と自己規律』（以上、税務経理協会）。『「利益力世界一」をつくった M&A』『ビジネス・ゼミナール会社「経理・財務」入門』『「経理・財務」〈上級〉』『その仕事、利益に結びついていますか？』（以上、日本経済新聞出版社）。『Mr. 金川千尋　世界最強の経営』（中経出版）、『ブルースとジルバの早わかりステップ集』（モダン出版）など。

【執筆者】
馬場　一徳 (ばば かずのり)

税理士

[略歴]

1965 年東京生まれ。一橋大学法学部卒業。筑波大学大学院ビジネス科学研究科博士前期課程修了。

住友商事㈱、住宅・都市整備公団、新創税理士法人等を経て、2007 年より馬場一徳税理士事務所を開業。一般事業会社等での豊富な経験をベースにした、親身な経営サポートを得意とする。東京税理士会渋谷支部派遣東京商工会議所窓口専門相談員（平成 22 年 7 月～平成 24 年 6 月）。

[著作]

『マンション建替えの法律と税務』（共著・2003 年・税務研究会出版局）

『キャリアアップを目指す人のための「経理・財務」実務マニュアル　上・下』（共著・2012・税務経理協会）

『親が亡くなる前に知るべき 相続の知識　相続税の傾向と対策～遺言のすすめ』（共著・2013・税務経理協会）

法人税実務マニュアル

2013年8月1日　初版第1刷発行

監修者	金児　昭
著　者	馬場　一徳
	青山　隆治
	奥秋　慎祐
	野田　美和子
発行者	大坪　嘉春
製版所	美研プリンティング株式会社
印刷所	税経印刷株式会社
製本所	株式会社三森製本所

発行所　東京都新宿区下落合2丁目5番13号　株式会社 税務経理協会

郵便番号　161-0033　振替　00190-2-187408　電話　(03) 3953-3301（編集部）
FAX (03) 3565-3391　　　　　　　　(03) 3953-3325（営業部）
URL　http://www.zeikei.co.jp/
乱丁・落丁の場合はお取替えいたします。

©金児昭・馬場一徳・青山隆治・奥秋慎祐・野田美和子　2013
監修者・著者との契約により検印省略

本書を無断で複写複製（コピー）することは、著作権法上の例外を除き、禁じられています。本書をコピーされる場合は、事前に日本複製権センター（JRRC）の許諾を受けてください。
JRRC〈http://www.jrrc.or.jp　eメール：info@jrrc.or.jp　電話：03-3401-2382〉

Printed in Japan

ISBN 978—4—419—06030—5　C3034